すっきりわかる!

超訳「哲学用語」事典

小川仁志

PHP文庫

○本表紙図柄＝ロゼッタ・ストーン（大英博物館蔵）
○本表紙デザイン＋紋章＝上田晃郷

はじめに　この事典が画期的なわけ

◆哲学用語の難解さをなんとかしたい！

この事典は、難解な哲学用語を**超訳**する（＝簡単な普通の言葉に置き換える）という無謀な試みに挑戦したものです。よく哲学用語が難解なのは、翻訳のせいであるといわれます。どうしてもその状況を変えたかったのです。

そもそもこの難解な訳語を主につくり出したのは、明治時代の思想家西周《にしあまね》です。フィロソフィーを「哲学」と訳したのも彼です。本書に登場する多くの語が、彼によって翻訳されたものなのです。その意味で、西洋哲学を日本に紹介した偉大な人物なのですが、凝り過ぎてわけのわからない語にしてしまったのが問題です。

実はドイツ語やフランス語の原語を見ると、ほとんどがもっとわかりやすい普通の単語なのです。ところが、ほかの言葉と差異化をはかるため、無理に変な日本語にしてしまったのです。

ではどうして、そのような誰もが難しいと感じる翻訳をいつまでも使っているのでしょうか。言葉は生き物ですから、本来であればどんどん変化していくはずです。それには日本の哲学研究の世界における悪しき伝統が関係しています。つまり、日本の哲学研究者には伝統を重んじる人たちが多く、どうしても先人が築いた遺産をそのまま受け継ぐ習慣があるのです。だから、誰かがやめようといわない限り、いつまでもこの状況は続くわけです。

私は常々この状況をおかしいと感じてきました。難解な用語を使い続けるせいで、哲学自体が普通の人たちから敬遠される存在になってしまっているのですから。**本当にそんな難解な用語を使う必要があるのか？　もっと簡単な言葉に言い換えられないのか？**　哲学にめぐり合って以来、ずっとそんな疑問を抱いてきたのです。

現に高校時代、私が進路として法学部を選んだのは、倫理の授業で習った哲学用語に一種の拒否反応を示してしまったからです。その結果サラリーマンになって、中国で人生を考え直して以来約四年間もフリーターをするはめになります。その後三十歳で市役所に再就職し、結局大学院で哲学を学び始め、ようやく哲学の世界に入ることになりました。哲学者になるまで相当の回り道です。私と同じように、**難解な用語が原因で、哲学に出会い損ねてしまった人がたくさんいる**のではないでしょうか。

そこで、サラリーマンや市役所での勤務経験を経た、普通の感覚をもった私のような哲学者がこれをやらない限り、哲学は永遠に学者やインテリのアクセサリーの域を出ないのでは？　そんな思いからこの大変な仕事を買って出ることにしたのです。

◆哲学用語の意味がわかると、哲学以外でも役立つ

そして書き終えた今、この事典によって、より多くの人に哲学に親しみをもっていただけるものと自負しています。もちろん、哲学書を読む際に役立つだけでなく、評論文を読む時や、学者などの話を聴く時にも役立つものと思われます。**本書で紹介している哲学用語の多くは、哲学の世界や哲学書以外でも登場するものだからです。**

なかには日常会話で使われるものもあります。会社の会議や飲み会の席で誰かが何げなく口にして、**「わからないけど意味を聞くのは恥ずかしいな……」**と思ったことは、誰しも一度くらいあるのではないでしょうか。難解な哲学用語は明治以来根づいてしまっていますから、至る所で目にする機会があるのも事実なのです。

そんな人たちのニーズに応えようとした哲学用語の解説本は、本書以外にも一応存在します。でも、単なる長い説明になっているだけで、普通の人にはかえってわかりにくくなっているといえます。また、最近はインターネットで検索すると何でも教えてくれる時代ですが、残念ながら哲学の用語に限っては、わかりやすく超訳しているものを見たことがありません。

理由は簡単です。哲学の用語は簡単にし過ぎると、意味が変わってしまうという懸念があるからです。だから造語を用いたり、外国語をそのままカタカナにしたりして用いることが多いのです。しかしそれは言葉に対する諦《あきら》めであって、思考停止にほかなりません。批判を覚悟で、私があえてこの試みを行ったのは、何としてでもそれを克服したかったからです。

◆事典として「使う」もよし、入門書として「読む」もよし

そこで本書は、単にわかりやすい超訳を提示するだけで満足することなく、誤解がないように用語の意味もしっかりと説明した上で、その語を用いた哲学者の思想や、その用語の関連事項等にも言及しています。つまり**本書は、事典として「ひいて使える」だけでなく、読み物として「哲学の基礎知識を楽しく学べる」ようにもなっている**のです。

さらに、従来の用語がどのような場面でどう使われるのか、解説のほかに使用例をつけることで示しておきました。ただし、日常会話でこれをそのまま濫用すると、「何難しいこといってんの？」と嫌がられるかもしれませんので、注意してください。むしろ私の超訳で言い換えることをお勧めします。

余談ですが、私が主宰する「哲学カフェ」では、中学生から年配の方まで色んな人が参加していますので、難しい哲学用語を使わずに議論するようにルールづけています。それでもきちんとレベルの高い対話が成り立っています。

選択した百五十語については、どの事典にも載っているような重要なものばかりです。並び順についても、単に五十音順にするのではなく、読み物としても楽しんでもらえるように、使用頻度や本来の意味と異なるものなど、独自の分類によって章分けしてみました。

何しろこの事典の編纂《へんさん》は、明治以来の大仕事です。それを一人の著者と一人の編集者とで数か月のうちにやってのけたわけです。その意味で専門家から見れば、精度が不十分なところがあるかもしれません。しかし、すでに述べたように、精度を高めれば高めるほどわかりづらくなることがあるのも事実です。

本書の目的は、あくまでも**普通の人が、大づかみに哲学用語を理解できるよう**

にするところにあります。ウィキペディアではないですが、常に開かれた状態にあるといっても過言ではありません。皆さんが実際に使われる中で、さらに進化させていただけると幸いです。

本書の構成と使い方

44

コペルニクス的転回

〔超訳〕百八十度の発想転換

〔用例〕納豆に砂糖をかけて食べるなんて、まさに**コペルニクス的転回**だね。

たとえば犬がいたとします。通常私たちがその犬を認識するのは、犬が存在しているのを目がとらえ、そこに犬がいると思った時です。ところが、これとはまったく反対に考えることもできます。つまり、私たちが犬を目でとらえ、犬がいると思うから、そこに犬が存在するという発想です。

対象が存在していて、それを認識がとらえるのではなく、逆に対象のほうが認識に従うという考え方です。**カント**はこの発想を「コペルニクス的転回」と呼びました。コペルニクスというのは、当時通説であった天動説を否定して、地球が太陽の周りを回るとする地動説を唱えた人です。この説は、当時の常識的考え方

[超訳]

難解な哲学用語を一言でズバッと超訳！　まずここで、用語の意味をざっくりとつかめます。

[用例]

その用語を使った文章例です。日常会話で使うと、嫌われる恐れがありますのでご注意を。

[解説]

その用語を用いた哲学者の思想など、関連事項を解説。用語の意味をより深く理解できるとともに、哲学の基礎知識も学べます。

[章分け]

本書では用語を単に50音順に並べるのではなく、独自の分類で章分けしており、哲学初心者でも興味深く読めます。

45　第一章　よく目にする＆耳にする頻出用語

[図解]

より直感的に理解できるように、図解も豊富に掲載しています。

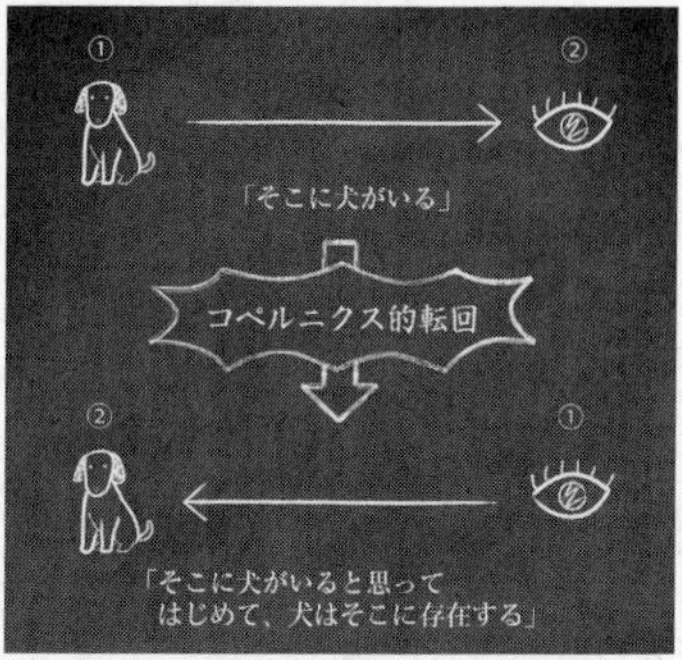
①
②
「そこに犬がいる」
コペルニクス的転回
②
①
「そこに犬がいると思って
はじめて、犬はそこに存在する」

[関連ページ]

他のページで詳しい解説をしている用語が出てきた場合には、その掲載ページを必ず明記。併せて読むことでより深く理解できます。

を百八十度度転回させるほどの大胆な発想でした。

そこでカントは、このコペルニクスの大胆な発想の転換にあやかって、自らの**認識論**（一九八ページ参照）をそう呼びました。たしかに自分が犬を見るのではなく、犬が自分の目に従って存在しているなんて大胆な物の見方ですよね。でも、カントのように歴史に名を残すほどの人間になるには、これくらい大胆な発想の転換が求められるのかもしれません。

イマヌエル・カント（1724 − 1804）。ドイツの哲学者。倫理学では、無条件に正しい行いをすることを要求。著書に『純粋理性批判』、『実践理性批判』などがある。

[用語・人物索引]

50音順の用語索引と人物索引を、巻末に掲載。哲学書などを読んでいて、意味を知りたい用語や気になる人物が出てきたときに便利です。

[人物プロフィール]

重要人物に関しては、プロフィールと代表的な著作を紹介しています。

目次

超訳「哲学用語」事典

第一章　よく目にする&耳にする頻出用語

第二章　常識として知っておきたい用語

第三章　チンプンカンプンのカタカナ用語

第四章　入試問題でも見かける漢字系の用語

第五章　日常の用法とはちょっと意味の異なる用語

第六章　本格派向けの高度な用語

○本文イラスト＝鈴木順幸
○目次扉、目次、章扉デザイン＝寄藤文平＋杉山健太郎（文平銀座）

第一章

よく目にする&耳にする頻出用語

アイロニー

[超訳] それとなく気づかせること

《用例》
先日、「若いというのはいいね」といわれたのだが、後から考えると、若さゆえの失敗をたしなめるための**アイロニー**だったようだ。

アイロニーというのは、「皮肉」と訳されることが多いです。通常皮肉とは、遠まわしに意地悪く相手を非難することをいいます。変な格好をしている人に、「なかなかユニークな格好ですね」というような場合がこれに当たります。

哲学では、「エイロネイア」というギリシア語が語源になっています。この語は、言葉の表面的な意味と、本来それが含んでいる意味との違いをうまく利用して、相手にそれとなく気づかせる手法を指しています。

有名なのは**ソクラテス**によるエイロネイアです。彼は無知を装い相手に質問しておきながら、相手の矛盾をつきました。これが最初のアイロニーだといわれています。アイロニーは、「問答法」あるいは「産婆術」と呼ばれるソクラテスの哲学の手法の核になるものです。したがって、ソクラテスは別に意地悪をしようと思ったわけではなく、このエイロネイアによって、真理を探究しようとしたのです。つまり、アイロニーは真理探究のきっかけになるのだといえます。

考えてみれば、私たちが皮肉をいう時、相手はその言葉の意味について探究しようとします。たとえば、先ほどの「なかなかユニークな格好ですね」という表現も、それをいわれた側は、なぜそのようなことをいわれたのか考えるはずです。自分が本当にユニークな格好をしているのかどうか、考える契機をもつことになるのです。そして、場合によっては自分が変な格好をしていることに気づくかもしれません。

ソクラテスの後、アイロニーは、否定的に用いられるようになります。特に芸術や文学におけるロマン主義のアイロニーは、偶然の中で翻弄される人生の際限なさを表現するものとして非難されます。しかし同時に、そこには美の源泉や生のエネルギーを生み出すものとしての可能性を見出すこともできるのです。

ソクラテス（前469頃－前399）。古代ギリシアの哲学者。「問答法」によって真理を探究。著書は一つも残さなかったが、その思想は弟子のプラトンが書いた『ソクラテスの弁明』などで知ることができる。

ルサンチマン

［超訳］負け惜しみ

《用例》
自分が大手の会社に入れなかったからといって、「あんな会社はよくない」と理屈の通らない非難をするのは、**ルサンチマン**だね。

「怨恨《えんこん》」や「妬《ねた》み」と訳されることが多いのですが、哲学では通常の意味とは少し異なります。

もともとは**ニーチェ**が哲学の用語として用いました。ニーチェによると、弱者は実際には強者にかなわないことから、想像上で復讐しようとします。その際に抱く感情をルサンチマンと呼んだのです。その意味では、怨恨というよりも、負け惜しみに近いのではないでしょうか。

つまり、強者は一般的に自らを善いものと評価します。それに対して弱者は悪いものだと評価してしまうのです。このような決めつけに対して、当然弱者は不

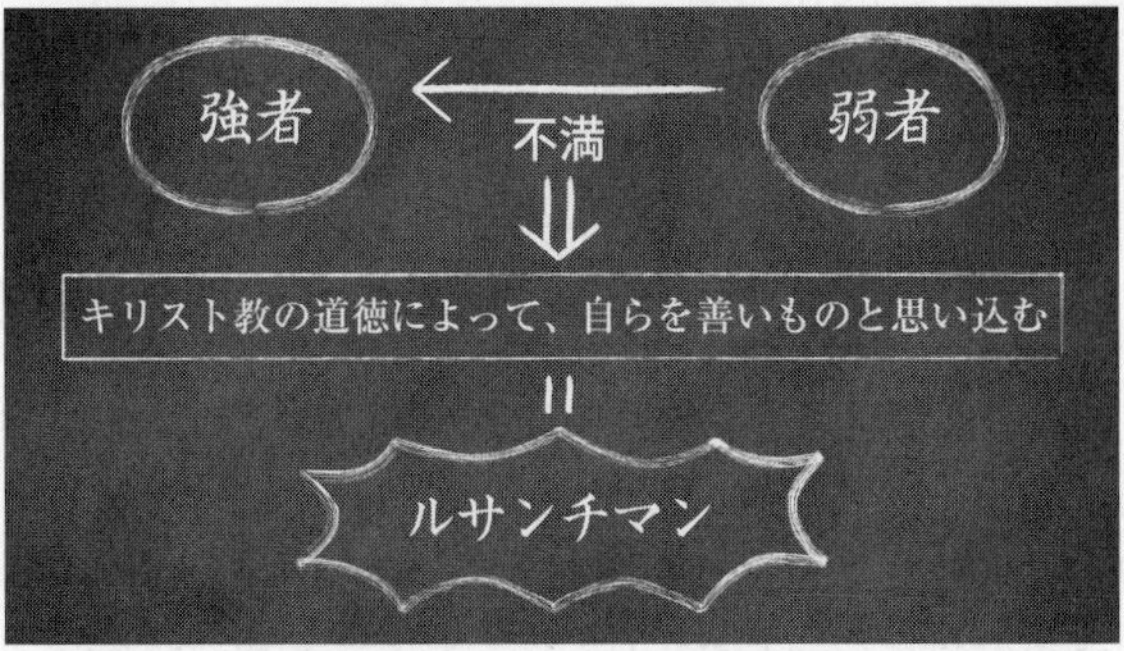

満をもちます。そして強者を憎みます。でも、弱者には力がないため、実際に強者に楯ついて関係を逆転させることはできません。

そこで、弱者は自らを善いものと思い込むようにします。楯つかないのは自分たちが善良だからだと。また、臆病なのは謙虚であって、服従は恭順なのだといい聞かせるのです。そして、これこそが弱者を擁護するキリスト教の道徳だというのです。ニーチェは、このような転倒した道徳を「奴隷道徳」と呼んで非難します。そこにはルサンチマンしかないというわけです。

だからこそニーチェは、こうしたルサンチマンを乗り越えるために、力強くすべてを受け入れようとする**超人**（二三六ページ参照）の思想を唱えたのです。

フリードリヒ・ニーチェ（1844 − 1900）。ドイツの哲学者。人生の苦しみを「超人」思想で乗り越えるよう説く。著書に『悲劇の誕生』、『ツァラトゥストラはこう言った』などがある。

レゾンデートル

［超訳］存在理由

《用例》
集団の中では、自分の**レゾンデートル**を見出すことが重要だ。

レゾンデートルあるいはレーゾンデートルは、「存在理由」や「存在価値」のことを指すフランス語です。

実存主義（一七六ページ参照）という思想で用いられたりします。実存主義においては、人間が自ら人生を切り開いていくことが大事だとされます。実際には私たちは、制約された環境の中で生きていかざるを得ません。しかし、**サルトル**が主張したように、真の自由はその制約から逃げることなく、むしろ積極的にかかわっていくことによってはじめて可能になるのです。

とりもなおさずそれは、人間の存在理由が、単なる物とは異なり、環境に積極

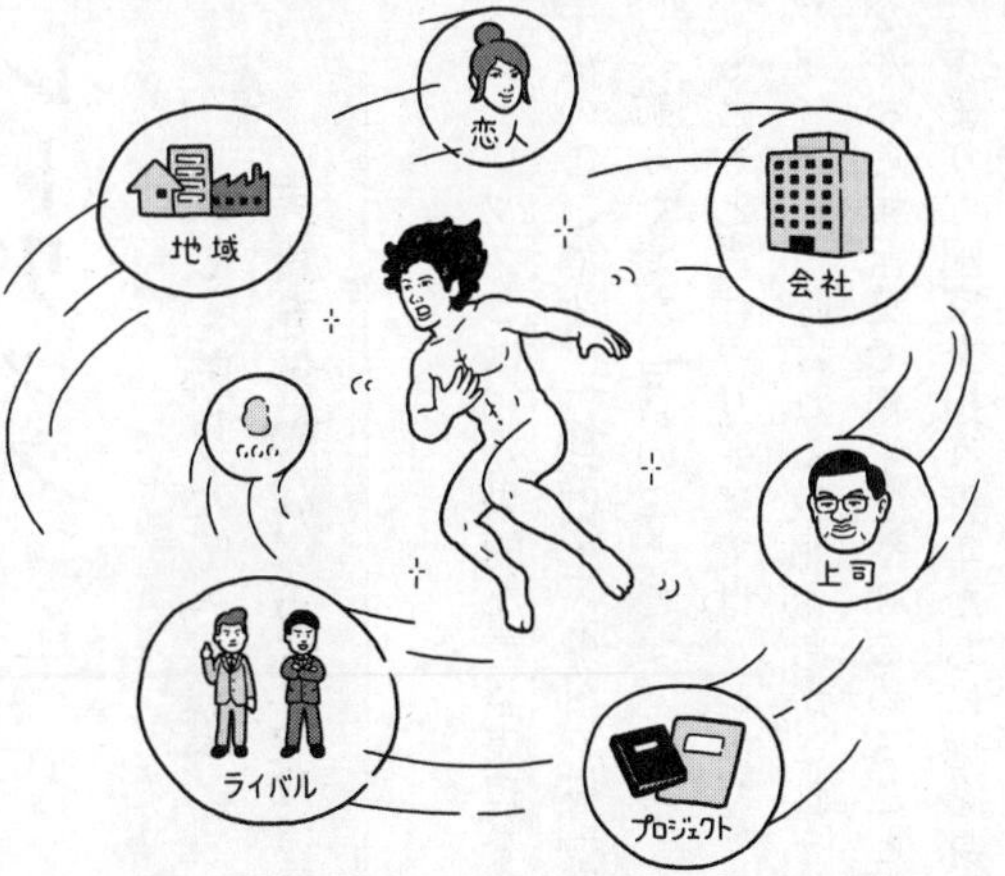

的にかかわっていく点にあることを意味しているのです。物は自分から周囲に働きかけることはありませんから。
したがって、実存主義ではレゾンデートルという概念が重要になってきます。いわばそれは人間の存在理由であり、同時に人間の価値を示すものでもあるのです。
また、このレゾンデートルという言葉は、今では「実存主義」から離れて、単に「存在理由」という意味で使われることが多くなっています。たとえば、「この会社のレゾンデートルは……」、「労働組合のレゾンデートルは……」というように。

ジャン=ポール・サルトル（1905－1980）。フランスの哲学者。実存主義に基づき、積極的に社会にかかわるべきと主張。著書に『嘔吐』、『存在と無』などがある。

レトリック

［超訳］美しく飾りたてた言葉／実質を伴わないうわべだけの言葉

《用例》君の言葉は**レトリック**にすぎない。本質を突いているとはいい難いよ。

レトリックとは、効果的な言語表現を用いて、読み手や聞き手に感銘を与える手法のことです。「修辞学」あるいは「弁論術」などと訳されます。つまり、美しく飾りたてた言葉のことです。

もともと古代ギリシアでは、レトリックは相手を説得するための手段でした。ソフィストと呼ばれる教師たちがこれを教えていたのですが、**プラトン**は真理にかかわらず言葉で相手をやりこめることだけを教える彼らを、批判しました。

つまり、国家を担う青年たちに徳を身につけさせるための教育を行っているはずのソフィストたちが実際に教えていたのは、単なる弁論の技術を磨くことだけ

だったのです。だからプラトンは、ソフィストのことを「真実でないことを真実であるかのように語る者」と非難したのです。

したがって現代でも、レトリックという言葉には、うわべにすぎないという皮肉めいたニュアンスが込められています。

たとえば、「実質を伴わないうわべだけの言葉」という意味で使われることがあります。「政治家がよく口にする『善処します』というのは単なるレトリックで、本音は『やらない』ということを意味することがある」といったように。

プラトン（前427－前347）。古代ギリシアの哲学者。現実の世界に対して、完全な理想の世界としてのイデア界があると説いた。著書に『ソクラテスの弁明』、『饗宴』などがある。

メタファー

[超訳]喩《たと》えであることを示さない喩え

《用例》君は**メタファー**を用いるのが得意だから、詩を書けばいいんじゃないか?

メタファーは「隠喩《いんゆ》」と訳される言語の働きです。つまり喩えのことです。しかし、同じ喩えでも、直喩《ちょくゆ》といって、「〜のようだ」と明らかに喩えていることを示す方法とは異なります。隠喩は喩えであることを明示しないのです。具体例を挙げましょう。「海は母のようだ」というのは直喩です。これに対して、「海は母だ」というのが隠喩なのです。

アリストテレスはメタファーについて、ある事柄を別の領域の事柄と重ね合わせることによって、二つの意味をもたせることだといっています。どうしてこのようなことをするのかというと、それは言葉に豊かな含蓄《がんちく》をもたせるためです。

その意味で、メタファーはより想像力をかき立てるための手法であるといえます。

ちなみに、哲学者もよくメタファーを利用します。「人間は考える葦《あし》である」（パスカル／フランスの科学者・思想家。一五九ページ参照）や「人間は人間にとって狼である」（ホッブズ／イギリスの哲学者。一〇九ページ参照）などといったように。考えさせるのが哲学書の目的ですから、メタファーが多くなるのも当然なのかもしれません。

アリストテレス（前384－前322）。古代ギリシアの哲学者。「万学の祖」と称される。その思想は師のプラトンとは異なり現実主義的。著書に『政治学』、『ニコマコス倫理学』などがある。

コンテクスト

［超訳］**話の流れ**

《**用例**》君の言葉が人を傷つけるかどうかは、**コンテクスト**次第だよ。「バカだな」という表現でさえ、時には褒め言葉になるんだから。

「文脈」と訳されることが多い言語学や言語哲学の用語です。テクストというのが文章のことで、様々なテクストが集まったものがコンテクストだとされます。だから文章の脈で文脈なのです。

個々の文章（テクスト）を正しく理解するためには、それらが集まった全体（つまりコンテクストのこと）を見ないといけません。特に会話においては、コンテクストを無視してテクストだけで意味を確定することはできません。会話は話の流れが大切ですから、当然そこで用いられる文や言葉も、話の流れの中ではじめて意味をもつのです。同じ文が会話の流れによっては、異なる意味をもつこと

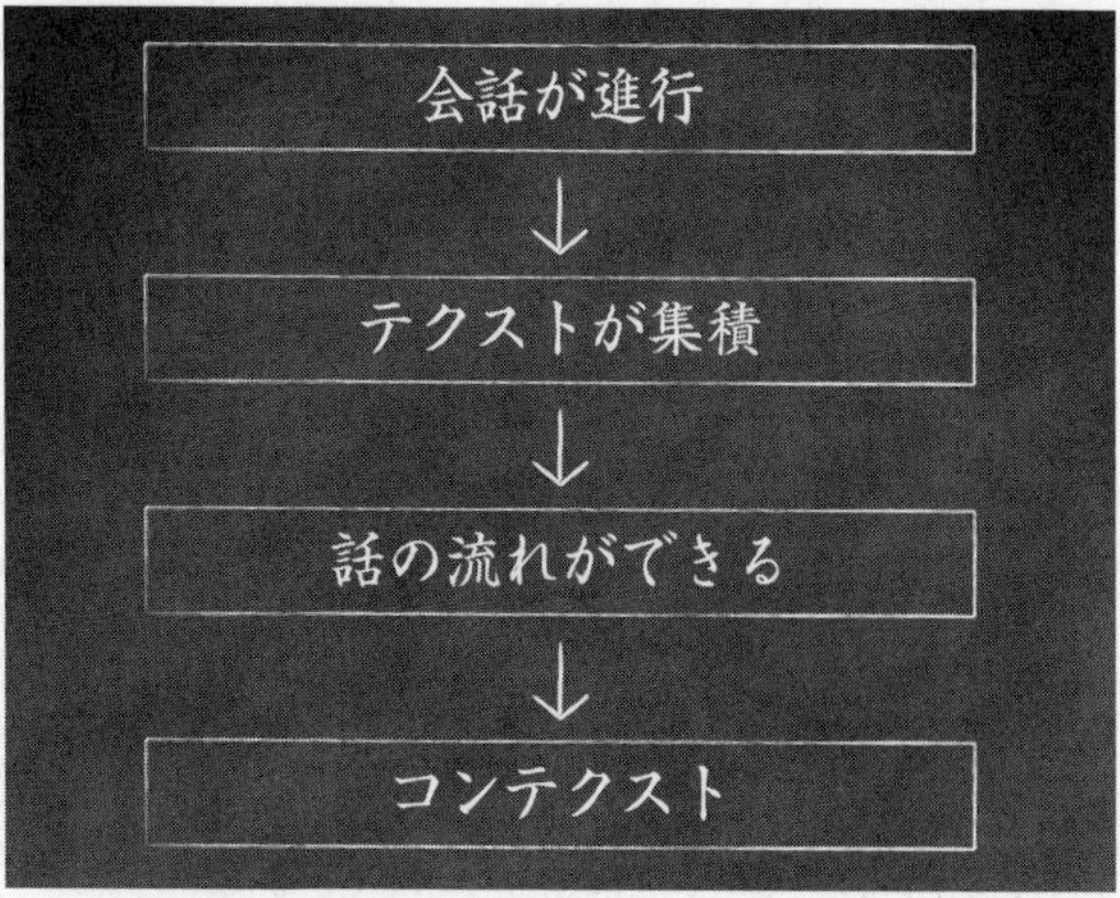

さえあり得ます。

そう考えると、コンテクストはあらかじめ客観的に存在するのではなくて、会話が進行するごとに形成されていくものだということもできます。これがフランスの人類学者スペルバルとイギリスの言語学者ウィルソンによる「関連性理論」と呼ばれる考え方です。

文の意味を理解するのに、コンテクストが大事だといわれるのはそのためです。なお、ここから文の意味だけでなく、物事一般を理解する時の「背景」や「事情」というような意味で拡大して用いられることもあります。

カタルシス

［超訳］スッキリすること

《用例》
人間にはカタルシスが求められる。これは自然の摂理といってもいい。だから泣きたい時は思いっきり泣けばよいのだ。

日常生活においては、泣いたりすることによって感情を外に出すことを、カタルシスと呼ぶことがあります。もともとカタルシスというのは、浄化や排せつを意味するギリシア語です。

古代ギリシアでは、罪を犯した人間が、宗教的儀式によって罪を洗い流し、社会復帰するということが行われていました。日本でいう禊《みそぎ》のようなものです。これは浄化の一種です。あるいは、医学の世界でも、不要な体液を流し出すことで、病気が治るとする考え方がありました。下痢のような排せつや嘔吐はその例といえます。

ここから精神の面においても浄化の発想が適用されます。たとえばソクラテスは、魂が肉体から分離して純粋になることを浄化と呼んでいます。肉体は滅びても、魂は生き延びると考えていたからです。そのために魂をきれいな状態にしておこうというのです。

冒頭で触れたような、感情を外に出すという意味でのカタルシス概念を唱えたのは、アリストテレスだといえます。彼は『詩学』の中で、悲劇論の中心概念としてこのカタルシスを用いています。つまり、悲劇というのは、主人公に感情移入し、物語の最後に涙を流すことで魂を洗い流すためにあるというのです。

これはよくわかると思います。映画を観て泣くとスッキリするものです。このスッキリ感は魂が清められたことから来ているのです。そこでこの手法を精神治療に応用しようとしたのが精神分析学の父**フロイト**です。無意識の中で抑圧されている心の闇を、外に表出させることで、精神的病を解消させようと考えたわけです。

ジグムント・フロイト（1856－1939）。オーストリアの精神分析家。人間の心の中に無意識の領域を発見。精神分析学の父と称される。著書に『夢判断』、『精神分析入門』などがある。

ポストモダン

[超訳] 近代を批判的にとらえる現代思想

《用例》 経済的繁栄が必ずしも善ではないなんて、いかにも**ポストモダン**的な発想だね。

ポストモダンとは、文字通り解釈するなら「モダンの後」という意味です。つまり、近代より後の思想を総称する概念です。

近代思想は、フランスの啓蒙思想家ルソー（二一一ページ参照）やイギリスの哲学者ロック（一四五ページ参照）の**社会契約説**（一〇八ページ参照）のように、市民の手による国家の形成を可能にしたり、ドイツの哲学者ヘーゲル（七五ページ参照）の**絶対知**（一九三ページ参照）のように、人間の知の無限の可能性を示すものでした。このように近代の思想は、人間の理性を最高潮に開花させたはずだったのですが、ふたを開けてみると、貧困や戦争、大量虐殺など多くの矛盾を生み出していました。

そこで、近代の思想のあり方を批判的に反省するために登場したのがポストモダンだったのです。たとえば、**リオタール**が主張した「大きな物語の終焉」がその典型です。大きな物語とは、私たちが共通に抱く啓蒙のための思想のことです。人間は一つの同じ大きな目的に向かって前進しているというわけです。

考えてみると、私たちは常に社会の発展を目的にして生きてきました。とりわけ経済的に発展すれば、あたかもあらゆる問題が解決するかのように信じ込んできたのです。これはまさに大きな物語です。

ところが、その物語は、結局抑圧と思考停止をもたらす結果に終わってしまいました。その意味で、ポストモダンは、近代の行き詰まりを解消しようとする試みだといえます。

ジャン=フランソワ・リオタール（1924－1998）。フランスの思想家。ポストモダン思想を代表する人物。著書に『ポストモダンの条件』、『リビドー経済』などがある。

イデオロギー

［超訳］思想の傾向

《用例》
資本主義対社会主義という**イデオロギー**の対立が終わり、グローバリゼーションの時代に突入した。でも、それもまた新たな**イデオロギー**なのかもしれない。

イデオロギーと聞くと、**マルクス**を思い浮かべます。彼によると、イデオロギーとは社会の現実からかけ離れ、現実の矛盾を覆い隠してしまうような意識の形態だということになります。「虚偽意識」と訳されることもあります。その意味で、この語はネガティヴなニュアンスで使われることが多いといえます。

マルクスはこれを資本主義批判にも用いました。彼は、あらゆる理論が資本主義の矛盾を覆い隠すかのように用いられているといいます。たとえば、哲学もその一つです。あたかも物事の本質を探究する学問であるかのように見せかけて、実は無意識のうちに体制を支持するための役割を果たしてしまっていることがあるというわけです。

この「無意識のうちに」という点がポイントです。イデオロギーはあくまでも思想の傾向なのです。だから自分では気づかないこともあります。そのため、ある考えをイデオロギーであると批判する時、得てして自分も何らかの別のイデオロギーをもってしまっていることがあり得るのです。

そうしてイデオロギー同士が激しく対立したのが、資本主義対社会主義という冷戦の構図です。互いにイデオロギーだと非難し合っていても埒《らち》が明きません。だからこの対立は長引いたのです。

でも、人は何らかのイデオロギーをもつ動物のようです。たとえ冷戦が終わっても、やっぱり何らかの思想傾向は相変わらず存在します。そして、その思想傾向をぶつけ合って対立しています。そう考えると、イデオロギーをもつこと自体が問題なのではなく、単にそれを妄信してふりかざす行為が問題なのかもしれません。

カール・マルクス（1818～1883）。ドイツの哲学者・経済学者。人間疎外からの解放を目指す「マルクス主義」を確立。著書に『経済学・哲学草稿』、『資本論』などがある。

パラダイム

［超訳］お手本となる型／ある時代や分野において常識とされる物の考え方

《用例》
新しいビジネスを始めたいなら、まず人間のコミュニケーション方法に**パラダイム**シフトが起こっている事実に敏感になる必要がある。

パラダイムとは、もともとは「お手本となる型」のことです。古代ギリシアなどでも、製作物のためのモデルを意味しました。しかし、現代社会においては、アメリカの科学史家トマス・クーンによって異なる用法が与えられています。クーンによると、パラダイムとは、科学の世界におけるその時代の常識を表すことになります。たしかに時代が変われば、科学全体を支える常識や前提も大きく変わってきます。

そこから転じて、一般に時代の常識や前提が大きく変わることを「パラダイムシフト」と呼んでいます。つまりどの時代にも、そしてどんな分野においても、

常識とされている認識や思想、あるいは価値観があるものです。

ただ、それは永遠不変のものではありません。新発見や科学の発達によって、常識的な前提が覆されることがありますから。たとえば天動説が覆されて、地動説が新たな常識になったように。その時、あたかも革命が起こったかのごとく劇的な変化が生じます。これをパラダイムシフト、またはパラダイムチェンジというのです。

パラドックス

［超訳］一見もっともらしい矛盾

《用例》
タイムマシーンで過去にさかのぼり、自分の両親が出会わないようにしたとしよう。それでも今の自分が消えることがないのは、一種の**パラドックス**だね。

パラドックスは、通常「逆説」と訳されます。ギリシア語の語源にさかのぼると、一般に受け入れられている見解に反する**命題**（一三〇ページ参照）のことをいいます。論理学の世界ではもう少し厳密に、証明されることのないような矛盾が、一見妥当と思われる推論によって導かれてしまう事態を指しています。

有名なのは「ゼノンのパラドックス」ではないでしょうか。ゼノンは、ソクラテス以前の哲学者の一派であるエレア派の哲学者で、いくつかの著名なパラドックスを残しています。

たとえば、「アキレスと亀」という言葉を聞いたことがあると思います。これ

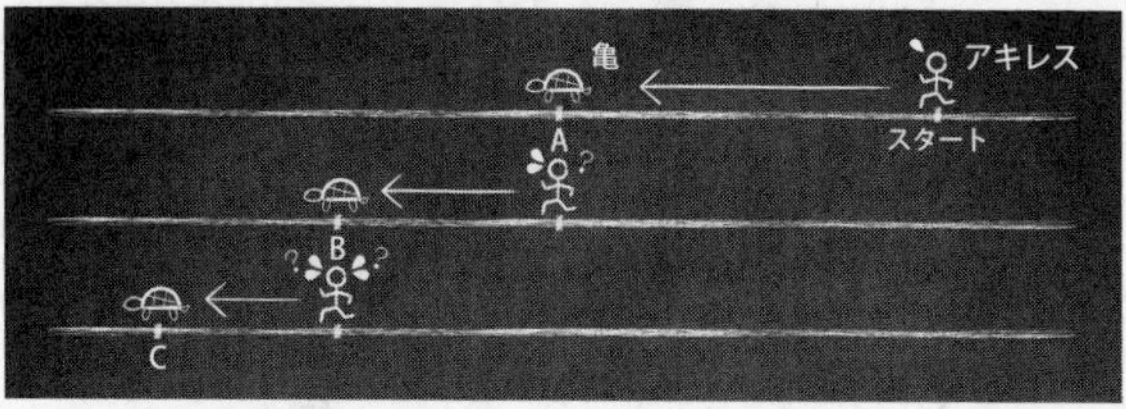

は足が速いことで知られているアキレスが、亀と競走した時、いつまでたっても先に出発した亀に追いつくことができないという運動のパラドックスの一つです。

どうしてこのようなことになるかというと、アキレスが亀に追いついたとしても、亀は常に動いているので、その瞬間にほんの少し前に進んでしまっていることになるからです。

具体的に考えてみましょう。アキレスが地点Aに達した時には、亀はアキレスがそこに達するまでの時間分だけ先に進んでいます（地点B）。アキレスが今度は地点Bに達した時には、亀はまたその時間分だけ先へ進んでいます（地点C）。同様に、アキレスが地点Cに達した時には、亀はさらにその先にいることになるわけです。つまり、いつまでたってもアキレスは亀に追いつけないのです。これも一見もっともらしいようで、実は矛盾した発想だといえます。

コペルニクス的転回

[超訳] 百八十度の発想転換

《用例》納豆に砂糖をかけて食べるなんて、まさに**コペルニクス的転回**だね。

たとえば犬がいたとします。通常私たちがその犬を認識するのは、犬が存在しているのを目がとらえ、そこに犬がいると思った時です。ところが、これとはまったく反対に考えることもできます。つまり、私たちが犬を目でとらえ、犬がいると思うから、そこに犬が存在するという発想です。

対象が存在していて、それを認識がとらえるのではなく、逆に対象のほうが認識に従うという考え方です。**カント**はこの発想を「コペルニクス的転回」と呼びました。コペルニクスというのは、当時通説であった天動説を否定して、地球が太陽の周りを回るとする地動説を唱えた人です。この説は、当時の常識的考え方

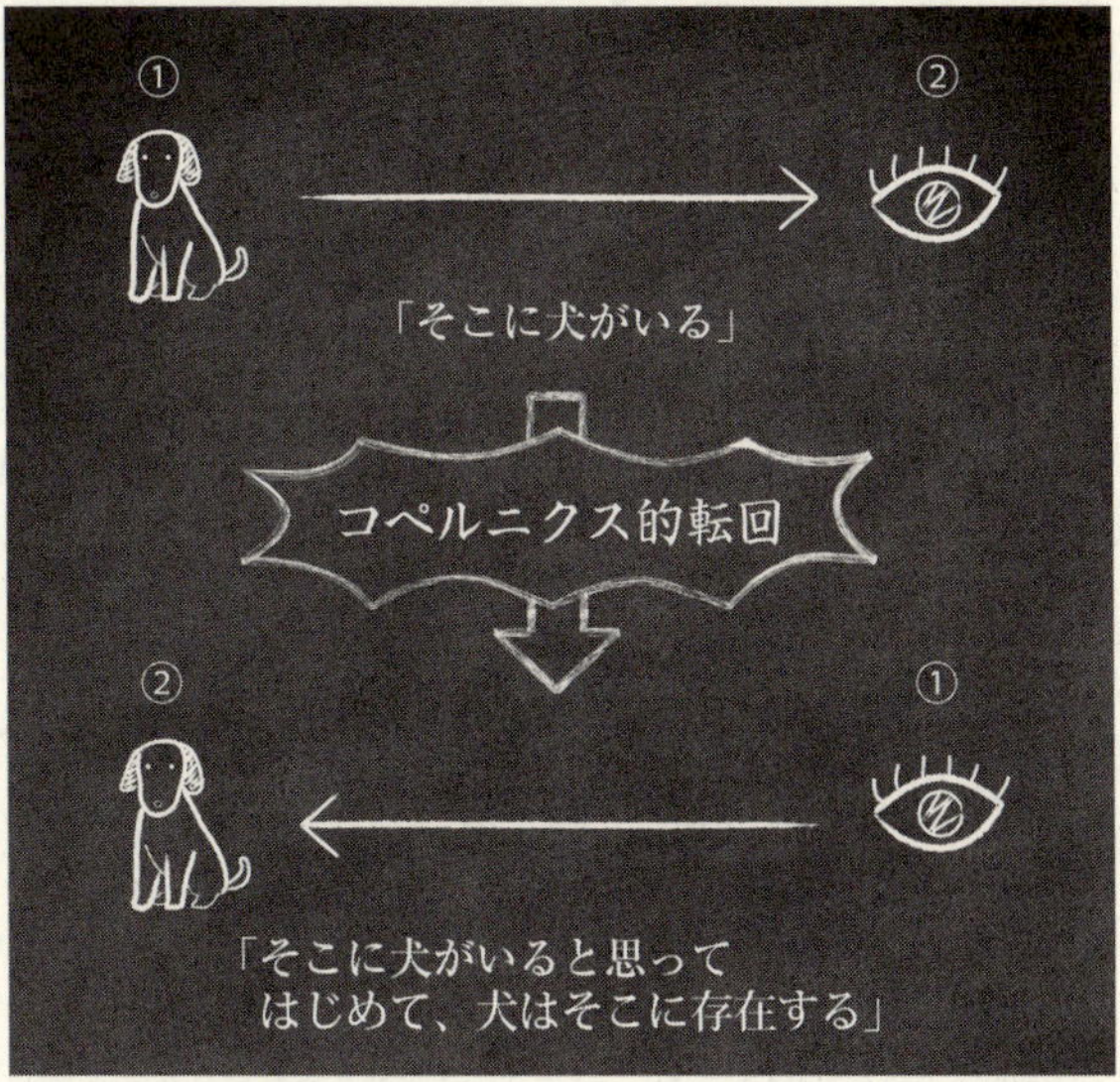
①
②
「そこに犬がいる」
コペルニクス的転回
②
①
「そこに犬がいると思って
はじめて、犬はそこに存在する」

を百八十度度転回させるほどの大胆な発想でした。

そこでカントは、このコペルニクスの大胆な発想の転換にあやかって、自らの**認識論**（一九八ページ参照）をそう呼びました。たしかに自分が犬を見るのではなく、犬が自分の目に従って存在しているなんて大胆な物の見方ですよね。でも、カントのように歴史に名を残すほどの人間になるには、これくらい大胆な発想の転換が求められるのかもしれません。

イマヌエル・カント（1724－1804）。ドイツの哲学者。倫理学では、無条件に正しい行いをすることを要求。著書に『純粋理性批判』、『実践理性批判』などがある。

ラディカル

［超訳］それまでとは根本的に異なる／常識を覆すほど過激な

《用例》
「政治体制を百八十度変える必要がある」なんて、君は**ラディカル**だなぁ。

ラディカルには「根源的」と、「過激な」あるいは「急進的」という、異なる二つの意味があります。

ただ、これらは結局は同じことを意味しています。つまりラディカルというのは、基本的にはそれまでの常識や定説をひっくり返すようなまったく異なる新しい性質を指しているのです。そしてそれは当然それまでの常識に照らすと、過激で急進的な内容になるわけです。

ですから、ラディカルな考え方に対しては、二面的な評価を下されることが多いです。新しいという意味で肯定的な評価がなされる場合と、過激という意味で

否定的な評価がなされる場合の二つです。
こうした常識をひっくり返すような考え方は、政治思想、芸術、宗教など、あらゆる分野で生じてきます。したがって、どの分野でも頻繁に用いられる用語であるといえます。
なお、社会の体制や秩序の根源的、あるいは急進的変革を目指す立場をラディカリズム（急進主義）といいます。

ニヒリズム

［超訳］一切の既成の価値を否定する立場

《用例》君は何かにつけて意味がないというが、そういう**ニヒリズム**的な態度はよくないよ。もっと前向きに考えられないかなぁ。

ニヒリズムは、「虚無主義」とも訳されるように、それまで確実に価値があるとされてきたものを無価値として否定する立場を表しています。

有名なのはニーチェによる用法です。ニーチェの場合、ニヒリズムとは、ヨーロッパ社会全体を蝕《むしば》んできた人々の態度を否定することを意味しています。

つまり、プラトン以来の哲学的伝統や、キリスト教の価値観が作り上げてきたのは、理想の世界を重視する発想でした。人々はその理想に寄りかかってしまい、現実を受け入れようとしなかった。それゆえに虚構が生じてしまったというわけです。

本当は世の中に意味などないのに、それを求めてさまよう人々。ニーチェはそれを**永遠回帰**（一〇六ページ参照）という言葉で表現しました。無意味な生が永遠に繰り返される円環のイメージです。ここから抜け出すにはどうすればいいのか。

そこでニーチェは、むしろニヒリズムを徹底することによって、これまでの虚構をすべて捨て去ることを提案します。世の中が無価値であることを認め、ありのままの現実の世界を受け入れよというのです。これは能動的ニヒリズムと呼ばれます。

彼の**超人**（二三六ページ参照）という概念は、それを実現するために提起されたアイデアの一つです。人に頼るのではなく、新しい価値観を打ち立てようとする、人間を超えた存在。それが超人です。超人になろうとすることではじめて人は、ニヒリズムを乗り越えることができるのです。

ペシミズム

［超訳］何でも悪くとらえる態度

《用例》
コップの水が半分しかないと考えるなんて、君は**ペシミズム**の典型だね。僕はまだ半分もあると考えるから、オプティミズムの典型だといえる。

ペシミズムは、「厭世《えんせい》主義」あるいは「悲観主義」などと訳されます。したがって反対語は楽観主義、オプティミズムです。

ペシミズムは、ラテン語で「最悪のもの」を意味する語に由来するように、現実の世界を最悪のものととらえます。いわば何でも悪くとらえてしまう態度のことです。ギリシア神話の中に登場するディオニュソスの教育係シレノスは、人間にとって最善のことは生まれなかったこと、次善のことは間もなく死ぬことだといいます。これはまさにペシミズムを象徴しています。

哲学者では、**ショーペンハウアー**がペシミズムについて考察を展開していま

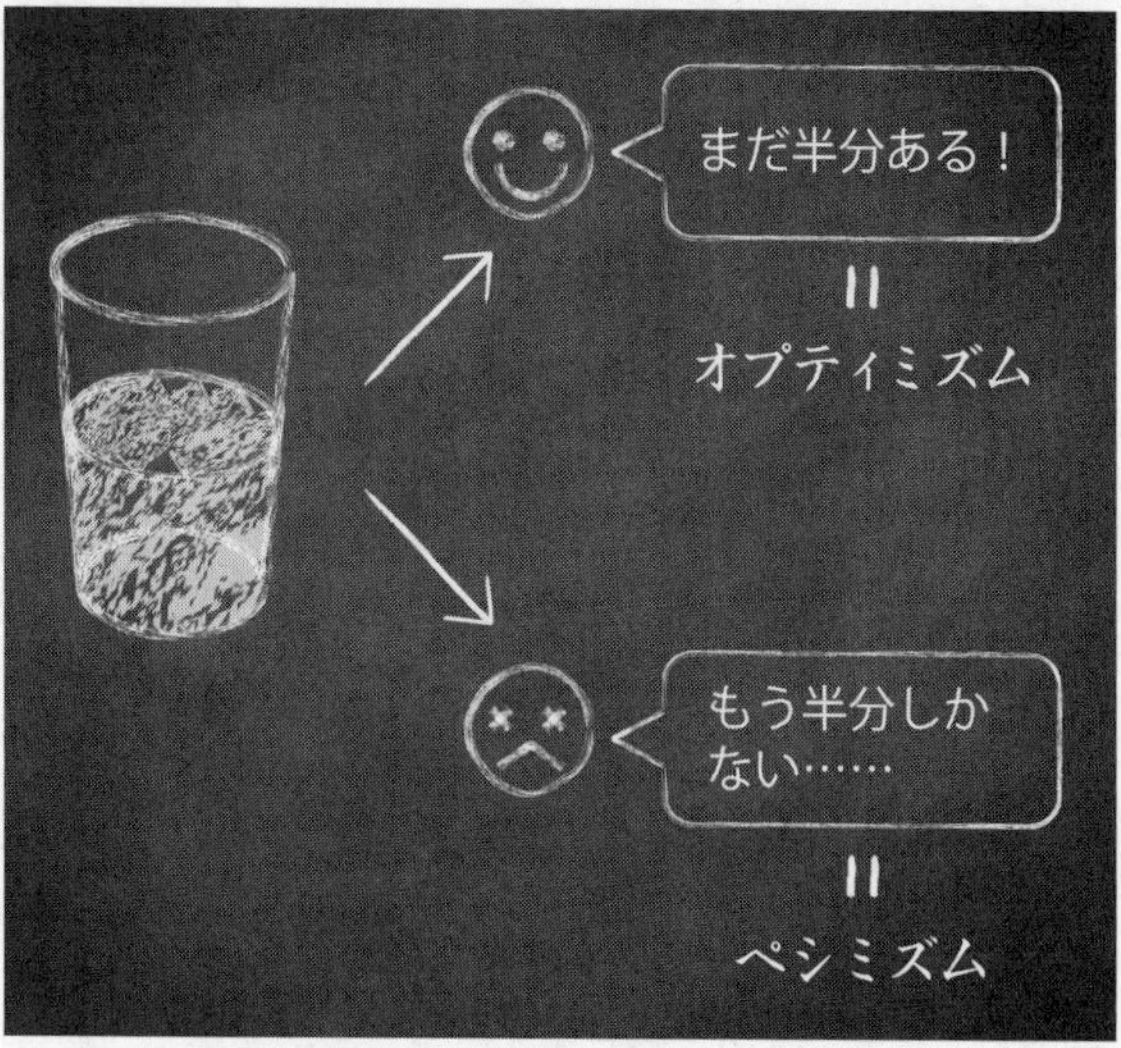
まだ半分ある！
＝
オプティミズム
もう半分しかない……
＝
ペシミズム

す。彼は、世界には苦しみが生じざるを得ず、そこから逃れるには哲学によって意志の否定を実現するよりほかないと主張します。

つまり、人間が生きていくためには、苦しみを避けることはできないので、むしろ苦しみを感じてしまう自分の意志のほうこそを押し殺すよう勧めるわけです。おそらくその反対は、苦しみを克服することなのでしょうが、ペシミズムゆえに、ショーペンハウアーはそのような発想をするには至りません。

アルトゥル・ショーペンハウアー（1788 − 1860）。ドイツの哲学者。知性よりもむしろ意志に着目する。著書に『意志と表象としての世界』、『視覚と色彩について』などがある。

エゴイズム

［超訳］自己中心的な発想

《用例》
自分だけが幸せに生きられれば、次の世代のことなんてどうでもいいというのは、**エゴイズム**だと思う。

エゴイズムとは、一般的には自分の利益だけを考えて、他人の利益は考えない自己中心的な発想のことをいいます。「利己主義」と訳されることもあります。したがって、その反対は利他主義です。

倫理学では、このようなエゴイズムは、「自分の行為は自分自身の利害によってのみ動機づけられる」と説明されます。つまり、自分にメリットがない限り、行為に出ることはないというわけです。

具体的には、「心理的利己主義」と「倫理的利己主義」の立場に区分されます。心理的利己主義とは、人間は本性上自己の利益に動機づけられて行為すると考える立場です。だからこそそうした行為を律するための法や道徳が必要だと説くのです。

これに対して倫理的利己主義のほうは、人は社会全体の利益のために自己の利益を追求すべきだとする規範的な主張です。

この場合、行為の正しさの基準として、社会全体の最大幸福を据える**功利主義**（一七八ページ参照）に似通っているように見えるかもしれません。しかし、倫理的利己主義はあくまで自己の利益を追求する点に主眼があるのであって、自己を犠牲にしてまで社会の最大幸福を実現しようというのではありません。その点が大きな違いだといえます。

フェティシズム

［超訳］変なものを愛好すること

《用例》
そんなものを崇拝するなんて、一種の**フェティシズム**だね。

フェティシズムとは、一般に聖なるものに対する崇拝を意味するとされます。「物神崇拝」と訳されています。これは呪物を意味するフェティッシュという言葉に由来するものです。様々な場面で用いられる用語ですが、宗教との関係では、自然を聖なるものとみなす原始宗教をフェティシズムと呼ぶことがあります。あるいはマルクスが説いたように、資本主義社会では、商品や貨幣も不思議な力をもつことから、フェティシズムの対象となり得ます。

さらに、現代ではこの語は性愛論の対象として用いられています。つまり性的倒錯としてのフェティシズムです。たとえばフロイトは、満たされない思いが無

意識に身体の一部への愛着をもたらすのがフェティシズムであると説明しました。いわゆる足フェチや耳フェチといった現象です。

このように多様な形態をとるフェティシズムですが、共通しているのは、何らかの理由によって一見理解しがたい変なものを愛好の対象とすることだということができます。

リベラリズム

［超訳］**中立な立場から判断する思想**

《用例》
右翼とか左翼とか極端な思想の立場じゃなくて、中立な立場から自由や平等を主張するのが**リベラリズム**だよね。

リベラリズムというのは、政治哲学の基本用語で、一応「自由主義」と訳すことができます。個人の自由を尊重する思想を指すからです。

ただ、自由を尊重する思想にも様々な種類があります。極端な個人主義を主張する**リバタリアニズム**（一六〇ページ参照）から、福祉国家を掲げる福祉国家型自由主義まで。そこで、それらと区別するために、最近ではリベラリズムという語をそのまま使う傾向にあります。

もともとは、「生命・自由・財産という人が生まれながらにして有している自然権を、権力の恣意的な行使から守るべきだ」とする思想に始まります。古典的自由主義といって、十七世紀のジョン・ロック（一四五ページ参照）によって主張された思想です。

その後、十九世紀のJ・S・ミル（一七九ページ参照）の『自由論』に受け継がれます。ミルは古典的自由主義の内容を、「他人に危害を加えない限り自由は保障される」という形で表現しました。ここからもわかるように、リベラリズムは価値の中立性を意味しています。

この点を批判するのが「共通善」を志向する**コミュニタリアニズム**（一六二ページ参照）という思想です。両者の対立は、一九八〇年代に展開されたリベラル・コミュニタリアン論争として知られています。

もっとも、実際には現代社会では、リベラリズムは単なる中立的価値を表すものではなく、積極的に人々の自由を促進する思想として掲げられています。その背景には、資本主義の進展があります。貧富の差からいかに人々を救うかが、思想の面でも課題になっているのです。

現代リベラリズムの旗手**ジョン・ロールズ**の『正義論』もその一つです。福祉国家型自由主義、あるいは平等主義的な自由主義といっていいでしょう。

ジョン・ロールズ（1921 – 2002）。アメリカの政治哲学者。ハーバード大学教授。功利主義を批判し、民主主義社会の基本原理としての倫理学を構想。著書に『正義論』、『万民の法』などがある。

全体主義

[超訳] **皆同じ考えをもつことを強要する体制**

《用例》
社内では誰も社長にさからえないなんて、まるで**全体主義**じゃないか。

全体主義とは、個人に対して全体を優先させようとする思想です。具体的には、社会の全体を一元的に支配しようとする集権的な政治体制の形をとります。典型例としてはドイツのナチズムと旧ソ連のスターリン主義を挙げることができます。

これらに共通するのは、**イデオロギー**（三八ページ参照）の共有が求められること、国家機関よりも単独の政党が優越すること、カリスマ性をもった指導者による統合、合法的な殺戮《さつりく》などです。

ハンナ・アーレントは、『全体主義の起原』において、この全体主義のメカニ

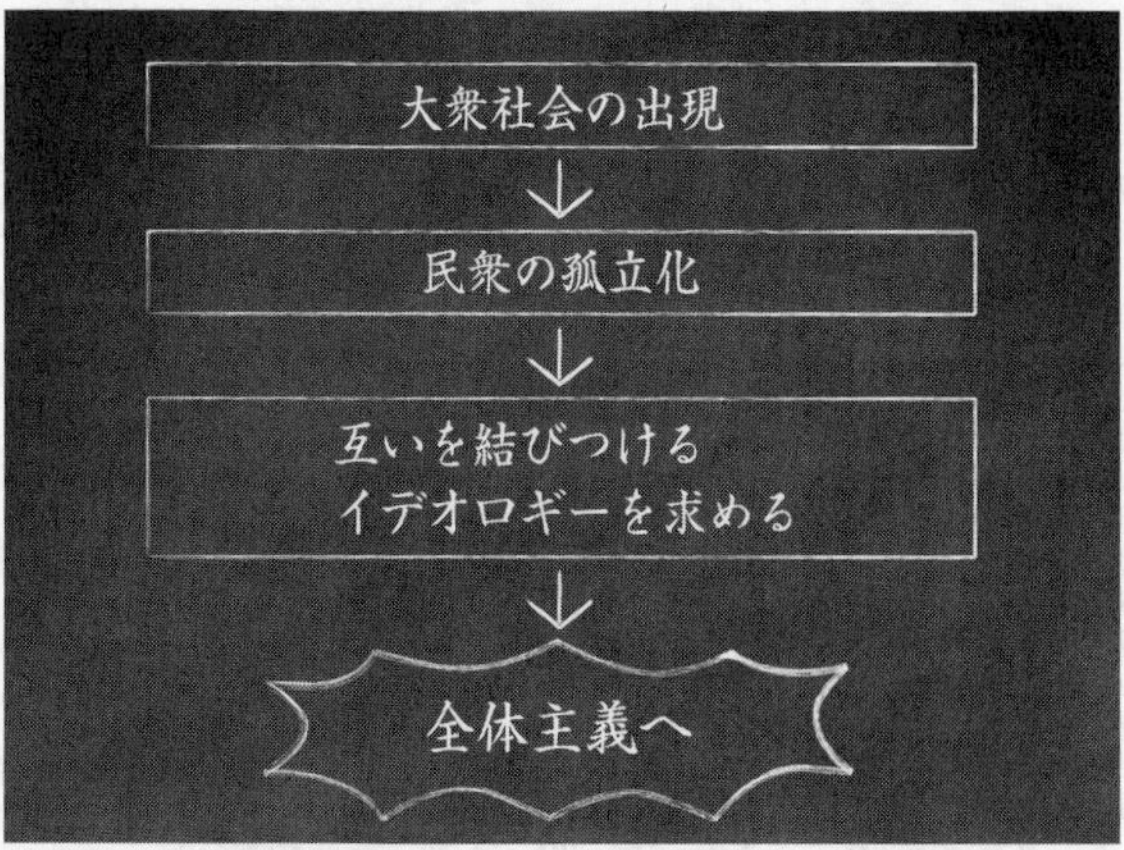

ズムについて分析しています。彼女は、大衆社会の出現に伴う民衆の孤立化こそが、全体主義を生み出したと主張します。つまり、人々は互いを結びつけるイデオロギーを求めたのです。それに乗じたのがヒトラーやスターリンだったのです。

そしてその状態を維持するために、指導者はイデオロギーの共有を強要し、恐怖政治を行ったというわけです。なお、全体主義概念は、とりわけ冷戦構造下、自由主義陣営が社会主義陣営を指す言葉としても用いられるようになり、一般に画一的な統制をもたらす管理社会全般を表す際にも使われます。

ハンナ・アーレント（1906－1975）。ドイツ出身の女性現代思想家。全体主義の分析を試みた。現代公共哲学の先駆者でもある。著書に『全体主義の起原』、『人間の条件』などがある。

カオス／コスモス

［超訳］バラバラの状態／統一された状態

《用例》
僕らの頭の中はきちんと整理されているように思えて、実は混沌としている。その意味で、**コスモスとカオス**が交じり合った状態にあるといえる。

カオスとは、物事が発生する際、初期の段階において無秩序な状態にあることを指しています。したがって、「混沌《こんとん》」と訳されることが多いです。いわばバラバラの状態です。もともとカオスは、宇宙が誕生する時、万物が生じる場として説明されました。

これが混沌とした状態一般を表すようになったのは、古代ギリシアの自然哲学者アナクサゴラスがあらゆる物事は潜在的に遍在していると説いてからです。つまり、本来物事はバラバラの状態で存在しているというのです。

反対にコスモスとは、そうしたバラバラのものが調和して統一された状態を指

します。したがって、「秩序」と訳されます。いわば統一された状態です。

　カオスとコスモスは一見正反対の状態であるかのように思われますが、カオスがコスモスを導き、反対にコスモスがカオスになるというふうに、一方が他方を誘発するような関係にあるともいえます。作ったら壊したくなり、壊したら作りたくなる人間の衝動も、カオスとコスモスに支配されているのかもしれません。

自我

［超訳］自分の意識

《用例》他人に左右されるのではなく、**自我**をしっかりともつことが重要だ。

自我とは、英語のセルフの訳で、他者や外界から区別される自分の意識のことを指しています。

したがって、最初にこの概念を明確に示したのは近世フランスの哲学者デカルト（八七ページ参照）だといえます。というのも、デカルトは自分の意識だけは疑い得ないとして、人間の本質を意識に置いたからです。

その後の近代の哲学者たちは皆、この自我のあり方をめぐって思索を展開してきたといっても過言ではありません。とりわけカントに始まりヘーゲル（七五ページ参照）で完成を見るドイツ**観念論**（一八八ページ参照）という立場は、この自

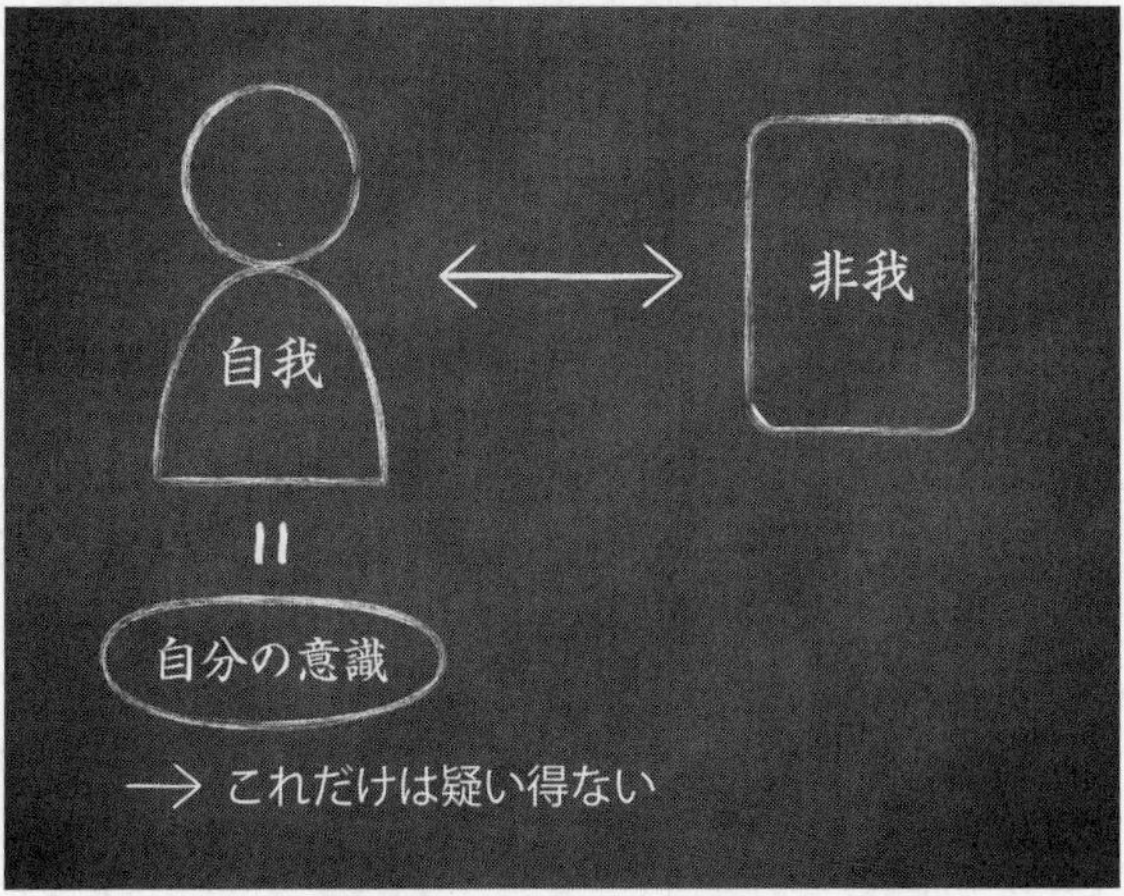

我と対極にある非我との関係性をめぐって議論を発展させてきました。

というのも、観念論は人間の主観、つまり自分の意識こそが物事の存在を成り立たしめていると考えるからです。

他方で、自我は精神分析家フロイトの用語でもあります。彼はこれを本能（エス）と規範意識（超自我）の間で、両者の葛藤の調整を行う心の機能として位置づけています。

アイデンティティ

［超訳］自分は何者なのかわかっていること

《用例》
青春期の不安定な状態から抜け出すには、**アイデンティティ**を確立する必要があるね。

アイデンティティとは、「自己同一性」あるいは「自我同一性」とも訳されるように、自分は何者なのかということを、自分自身がわかっている状態を指します。したがって、自分が何者なのかわからないような状態は、アイデンティティが失われてしまっているわけです。この意味でのアイデンティティを、人生の各段階に応じて確立することが大事だと説いたのが、発達心理学者の**エリクソン**です。もっとも、アイデンティティは一人の人間に限らず、国民などの集団についても用いることができます。「日本人のアイデンティティは何か」というように。この場合も、日本人とは何者なのかということを問うているわけです。

エリック・エリクソン（1902 − 1994）。ドイツ出身の発達心理学者・精神分析家。アイデンティティについて議論を展開。著書に『アイデンティティとライフサイクル』、『幼児期と社会』などがある。

中庸

［超訳］ほどほど

《用例》 何でも**中庸**がいいというけれど、それが一番難しいんだよね。

中庸《ちゅうよう》というのは、「ほどほど」という意味です。中国の思想にも出てきます。儒教の祖である孔子が説いているのですが、過不足のない適度な態度を保つことをいいます。面白いことに、まったく同じことが古代ギリシアでも「メソテース」という用語で主張されています。これも通常、中庸と訳されています。

たとえばアリストテレスの場合、それは推奨されるべき人間の徳であるということになります。彼は次のようにいいます。「恐怖、自信、欲望、怒り、憐れみ等々の快不快は、感じすぎることもあれば感じなさすぎることもあり、その両方ともよくない。これらの快不快を、適切な時に、適切な事物に対し、適切な人々に向かい、適切な動機により、適切な方法で感じることが、中庸であると同時に最善であり、これを徳という」と。

つまり、両極端の中間ということになります。具体的には、臆病と無謀の間の適切な状態、中間は勇敢となります。同じく無感覚と放埓《ほうらつ》の中間は節制、追従と無愛想の中間は好意、卑下と自慢なら誠実となります。人間はどうしてもどっちかに傾いてしまうものです。その意味で、中庸を見出し、これを選択できるようになれば、もはや悩みはなくなるのかもしれません。

理性

［超訳］論理によって本質を把握するための能力

《用例》
人間は戦争を完全に止めることができると思う。**理性**の力を信じているからね。

理性とは、物事を論理的に考えるための能力です。その意味で哲学にとって最も重要な能力であるともいえます。それゆえに、あらゆる哲学者が理性について論じてきました。

かつてアリストテレスは、「人間は理性を備えた動物である」といいました。これは人間が単に感覚によって物事を表面的に認識するだけでなく、理性によって論理的に本質を把握することができる点をいい得たものです。

とりわけ近代の哲学者たちは、理性の信奉者であるといえます。たとえばカントは、理性を経験に先立つ能力として位置づけます。物事を経験することなくして理解できるのは、理性が備わっているからだと考えるのです。この場合理性は、物事を理解するための、生まれもったモノサシのようなものとして機能します。

あるいは近代哲学を完成したといわれるヘーゲル（七五ページ参照）は、理性によってすべてを把握することができるとまで主張します。理性への信頼が最高潮に達したわけです。

しかし、その理性への信奉が近代の様々な矛盾を生んできたとして、現代では反省の目を向ける哲学者もいます。ハーバーマス（二六一ページ参照）による「道具的理性」批判もその一つです。彼は、人間が理性を使って目的を達成しようとする時、かえって悲惨な結果を生み出すことになった点を指摘します。戦争やホロコーストはその典型例といえます。

したがって、せっかくの理性を目的のための道具に貶《おとし》めてしまうのではなく、むしろ対話によって合意を見出すための「コミュニケーション的理性」として発揮すべきだというのです。

主体／客体

［超訳］行為者／相手

《用例》
政府にとっては自分たちが**主体**で、国民が統治の**客体**になるのだろうか。いや、**主体**はあくまで国民であるべきだ。

主体とは、簡単にいうと自分のことで、客体とは相手や物のことです。もう少し正確に説明するために、先に主観と主体の区別をしておきたいと思います。主観と主体の違いは、認識と行為の違いです。つまり、自分が何かを認識している時、これを主観といいます。そしてその認識に基づいて行動をとっている時、その行動している自分を主体というわけです。行為者といっていいでしょう。

客観と客体も基本的にはこれに対応しています。今、私の認識が主観であるといいましたが、これは私の側から見た場合の表現です。逆に認識されている側から見ると、それは客観として表現することができるのです。要はどっちから見ているのかという違いにすぎません。

これに対して客体というのは、認識されている側の客観が、行動をとる主体として位置づけられた場合の呼び名だということになります。たとえば、父が犬を見ているという状態であればこうなります。父が主体で、父が犬を見ていることが主観です。そして、犬が客体で、父に見られている犬が客観になります。

以上が、主体と客体、主観と客観の違いですが、ここで気がつくのは、必ずしも主体以外はすべて客体になるものではないという事実です。客観が私に認識された状態である以上、私が認識していないものは客観にはならないからです。

つまり「生の現実」ともいうべき世界が無限に広がっており、私たちはその中から客体となる世界を切り取っているにすぎないのです。そうやって、主体は世界を切り取って、そこに意味を与えることではじめて客体をつくり出します。実は、この世界に意味を与えるという営みこそ、世界を理解するということにほかなりません。

第二章

常識として知っておきたい用語

弁証法

［超訳］第三の道を創造する方法

《用例》
原発を続けるのか、それとも完全に撤廃するのかという二者択一の議論では埒が明かないので、**弁証法**的に答えを見出す必要があるね。

弁証法という概念は、ソクラテスの時代からありました。ただし、もともとは相手と問答を繰り返す中で、相手の主張の論理的な矛盾を暴き立てるための道具にすぎませんでした。それを生産的な思考法として位置づけたのは**ヘーゲル**だといえます。したがって、一般的には弁証法というとヘーゲルのそれを指します。

ヘーゲルのいう弁証法は、問題が生じた時に、それを克服してさらに一段上のレベルに到達する思考方法を指しています。これによって一見相容れない二つの対立する問題において、どちらも切り捨てることなく、よりよい解決法を見出すことができるのです。いわば第三の道を創造するための方法なのです。

具体的には、「正→反→合」、あるいはドイツ語で「**テーゼ→アンチテーゼ→ジンテーゼ**（七六ページ参照）」などと表現されます。止揚《しよう》するだとか、**アウフヘーベン**（七八ページ参照）するだとかいわれることもあります。

つまり、ある物事（テーゼ）に対して、それに矛盾する事柄、あるいは問題点が存在するような場合に（アンチテーゼ）、これらを取り込んで、矛盾や問題を克服し、より完璧な発展した解決法（ジンテーゼ）を生み出すという方法です。

これは単なる二者択一による妥協や折衷《せっちゅう》案とは異なります。物事は何でも矛盾を抱えているものです。正の側面もあれば、他方で必ず負の側面も有していま す。それでも物事はきちんと存在しています。言い換えるならば、いかなる問題も乗り越えられないはずはないのです。あらゆる物事はこの繰り返しによって発展していきます。

そこでこの弁証法を、マイナスをプラスに変える問題解決法として用いることもできるのではないでしょうか。

ゲオルク・ヴィルヘルム・フリードリヒ・ヘーゲル（1770〜1831）。ドイツの哲学者。近代哲学の完成者と称される。弁証法概念で有名。著書に『精神現象学』、『法の哲学』などがある。

テーゼ／アンチテーゼ／ジンテーゼ

[超訳] 問題提起／問題の発生／問題の克服

《用例》
よりよい答えを得るためには、まず**テーゼ**を立てて、それに対して**アンチテーゼ**をぶつけて、最後にそれらをまとめた**ジンテーゼ**が必要なんだよ。

テーゼ、アンチテーゼ、ジンテーゼとは、各々ヘーゲルの**弁証法**（七四ページ参照）を構成する要素のことです。つまり、ヘーゲルの弁証法は、まず何らかの物事を提示するところから話が始まります。この提示された何らかの物事がテーゼです。定立《ていりつ》、あるいは「正」と訳されます。いわば問題提起の段階です。

しかし、物事には必ず問題や矛盾が生じるといいます。これがアンチテーゼです。反定立あるいは「反」と訳されます。問題の発生です。ただ、ヘーゲルはこのアンチテーゼを肯定的にとらえます。問題を切り捨てるのではなく、むしろテーゼに取り込むことで、さらに上の高みに進もうとするのです。この営みを**アウフ**

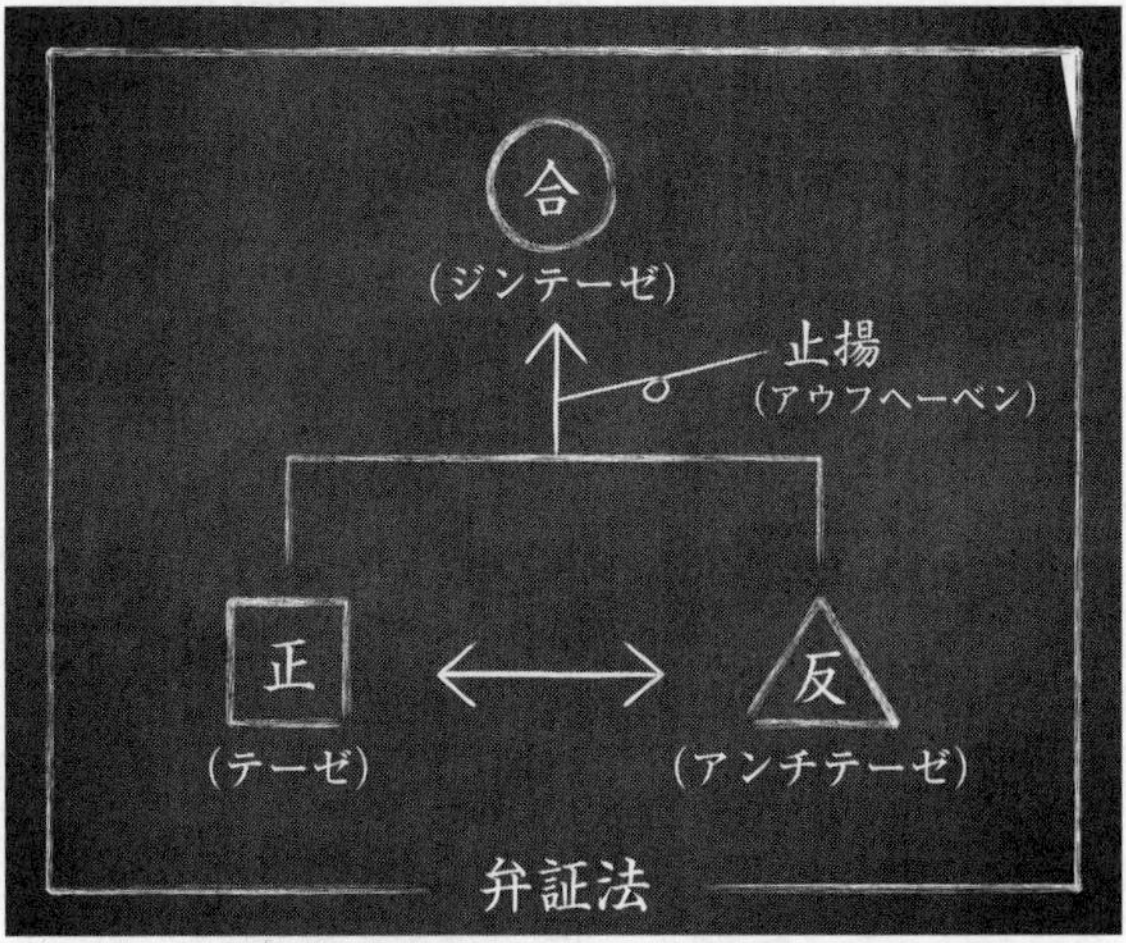

ヘーベン（七八ページ参照）といいます。これは「止揚」と訳されます。

そうして矛盾を克服した段階をジンテーゼと呼ぶのです。総合あるいは「合」と訳されます。つまり問題の克服です。

たとえば、チームを作るとします。これがテーゼです。しかし、和を乱すメンバーが出てきます。これがアンチテーゼです。しかし、そのメンバーを切り捨てるのではなく、よく話し合って仲間として受け入れることで、チームはより一体感を増すことになるのです。この状態がジンテーゼです。

アウフヘーベン

[超訳] 矛盾を解決すること

《用例》
意見がぶつかった時は、どうしてそれらを**アウフヘーベン**するか考えればいい。

アウフヘーベンとは、ヘーゲルの**弁証法**（七四ページ参照）の用語で、「止揚」、「揚棄《ようき》」などと訳されます。

ヘーゲルの弁証法においては、ある問題＝**テーゼ**（七六ページ参照）に対して、矛盾＝**アンチテーゼ**（七六ページ参照）が生じた時に、その矛盾を切り捨てることなく、両者を総合しようとします。この総合する行為がアウフヘーベンなのです。

ドイツ語のアウフヘーベンという単語には、もともと「廃棄する」「否定する」という意味のほかに、「保存する」「高める」という意味もありました。そこでヘーゲルは、この語のもつ二つの異なる意味をうまく利用したわけです。

そしてテーゼとアンチテーゼを総合した結果が**ジンテーゼ**（七六ページ参照）と呼ばれるものです。

このように、アウフヘーベンは、矛盾を取り込んで総合することをいいます。いわば矛盾の解決です。したがって、アウフヘーベンした結果は、当然それを行う以前よりも発展した段階に達していると考えられています。

実は、世の中に存在する技術の多くは、アウフヘーベンの結果として見ることができます。たとえば、エコカーは自動車と環境問題という矛盾を解決した結果生まれたものだといえます。

帰納／演繹

［超訳］個別の事例から一般法則を導く思考法／一般法則から個別の答えを導く思考法

《用例》
君はいつも、「事例をたくさん集めて結論を出そう」っていうよね。その意味で君の思考パターンは**演繹**的ではなくて**帰納**的だな。

帰納《きのう》と演繹《えんえき》とは、**経験論**（一九四ページ参照）と**合理論**（一九〇ページ参照）という思想的立場に対応する二つの論理的思考法をいいます。いずれも物事を推論するための方法論です。

帰納は個々の事例をまとめることで見えてくる事柄を、一般的な法則へと導く方法を指します。個別の経験を重視するという点で、経験論から帰結する思考法です。たとえば、昆虫やうさぎなど異なる生物をいくつか観察してみると、いずれも細胞からできていることが判明します。そこで、生物というものは一般的に細胞からできているという一般法則を導き出すことができます。これが帰納法的な思考です。

これに対して、演繹とは一般的な前提から始めて、三段論法などの論理法則に基づいて個別の事実を導いていく方法を指します。たとえば、三角形の内角の和は百八十度と決まっています。一方、n角形の一つの頂点から対角線を引いた際できる三角形の数はn－2です。四角形ならば4－2＝2で、二つの三角形ができます。

そうした前提から始めると、n角形の内角の和は百八十度×（n－2）となります。したがって五角形なら五百四十度、六角形なら七百二十度ということができるわけです。

こちらは個別の経験的な事実を抜きに、いきなり一般的な法則を前提とする合理論から帰結する思考法であるといえます。

トートロジー

［超訳］同じことを表す語の無意味な繰り返し

《用例》
「正義とは正しいことだ」なんていうのは、**トートロジー**にすぎないよ。

一般的に、トートロジーとは、「同語反復」とも訳されるように、同じことを表す語の無意味な繰り返しをいいます。よく「馬から落ちて落馬した」という例が挙げられますが、そもそも馬から落ちることを落馬というので、これは同じ意味の語を無意味に反復していることになるわけです。

一方、論理学では、恒真式《こうしん》といって、**命題**（一三〇ページ参照）の真偽を判断する際、常に真となるような論理を指します。

たとえば、「AならばAである」や、「Aである、またはAでない」という命題は、Aに何が入ろうと、常に真なので、トートロジーだといえます。

レッセフェール

［超訳］経済を市場に任せる立場

《用例》
君は政府がもっと規制緩和すべきだと主張しているね。**レッセフェール**というわけだね。

レッセフェールとは、「為《な》すに任せよ」という意味のフランス語です。正式にはこの後に「レッセパッセ（行くに任せよ）」と続きます。国家の富の源泉は農業生産から生じると主張したフランスの重農主義者たちが、これを標語としていました。

その後、イギリスの古典派経済学において、「経済は政府が介入するのではなく、市場の為すがままに任せるほうがいい」という一般経済政策を表す語として用いられるようになりました。この場合は「自由放任主義」と訳されます。

イデア

［超訳］理想像

《用例》
この世界で起こっていることはすべて**イデア**の影にすぎません。だから本当の姿をきちんと心の目で見る必要があります。

古代ギリシアの哲学者プラトンの哲学の中核をなす概念で、もともとは物の姿や形を意味しています。ただ、形といっても私たちの目に見える形ではなく、いわば心の目によって洞察される物事の真の姿、事物の原型のことを指します。

感覚によってとらえられるものは移ろいゆくものですが、イデアは永遠不滅の存在なのです。そしてあらゆる物事はイデアの影にすぎないため、私たちには本当の姿を見出すことが求められます。

たとえば、バラにはバラのイデアがあり、円には円のイデアがあります。だからバラの蕾《つぼみ》を見ただけで満開のバラを思い浮かべることができるのです。また、がたがたの円を見ただけで、きちんとした円を思い描くことができるのです。これは頭の中にバラや円のイデアが存在するからにほかなりません。つまり、イデアというのは物事の理想像なのです。それは、理性によってはじめてきちんととらえることのできるものなのです。

プラトンは、こうしたイデアによって構成される永遠不滅の世界と、感覚によってとらえられる現実の世界を区分しました。前者がイデア界、後者が現象界です。絶えず変化する現象界は、永遠に変わることのないイデア界を模範として存在しているといいます。

これが現実と理想の二元論的世界観と呼ばれるものです。現実の世界は、常に理想の世界をお手本にして存在するべきだという発想に基づいています。

ちなみに、このプラトンのイデア論を理想主義だといって批判したのが、弟子のアリストテレスです。彼は物事の本質は理想の世界にあるのではなく、むしろ現実の中にあると主張しました。二人の立場の違いは、天上を指差すプラトンと地上に掌《てのひら》を向けるアリストテレスという形で、ラファエロの名画「アテネの学堂」にも描かれています。

コギト・エルゴ・スム

[超訳] 確かなのは自分の意識だけ

近世フランスの哲学者**デカルト**の用語で、「我思う、ゆえに我あり」という意味のラテン語です。「デカルトのコギト」と表現されることもあります。デカルトは自分の論文を広く一般の人にも読んでもらいたかったので、当時論文はラテン語で書くのが普通だったのですが、あえてフランス語で書きました。ですから、もともとはフランス語で表現されていました。

内容的には、デカルトの思想の核心を表現するものといえます。彼は、真理を発見するために、あらゆるものを疑っていきました。目に見えるものはもちろん、夢さえも疑ったのです。この思考法を「方法的懐疑」といいます。

そうして最後に残ったのが、疑うという行為をする自分の意識だけだったのです。つまり、夢かもしれないと疑ったとしても、自分の意識が今疑っているという事実だけは残るわけです。

この疑い得ない自分の意識こそが、唯一確かな存在だといいます。そして、人間の意識は特別な存在であると主張するようになります。つまり、自分の意識は生まれつき備わっているものであり、外から入ってくるものではないというのです。**「生得観念《せいとくかんねん》」**（一九二ページ参照）と呼ばれるものです。そこから、物事は何でも合理的に推論すれば答えが出るとまでいいます。外から知識を吸収する必要はないのですから。

このように、自分の意識が万能であると考えるこのデカルトの思考は、自分という主体を中心に考える近代思想の原点となります。

さらに、意識が特権的なものであるということから、デカルトは精神以外の物体をまったく異質なものとして二分します。この物体の中には身体も含まれます。これは**「心身二元論」**（八八ページ参照）、あるいは「物心二元論」と呼ばれています。

ルネ・デカルト（1596－1650）。フランスの哲学者。疑い得ないのは意識だけであるとする「我思う、ゆえに我あり」という言葉で有名。著書に『方法序説』、『情念論』などがある。

心身二元論

［超訳］心と身体は別だとする考え

《用例》
心身二元論に依拠すると、心の健康と身体の健康は無関係だということになる。

デカルトは「我思う、ゆえに我あり」といって、「私」の意識だけは疑い得ないと結論づけました。この言葉に象徴されるように、「私」の意識に特権的な位置が与えられたのです。

ところが、それはいいことばかりではありません。意識が特権化されたことによって、心以外の部分はそれとは別の存在として切り離されてしまったのです。これが悪名高き「心身二元論」と呼ばれるものです。

つまり、心は考えるものであるのに対し、身体を含むそれ以外の物はすべて、機械と同じく「延長」にすぎないととらえます。延長というのは単なる広がりのことです。問題は、このようにとらえた場合、心と身体の関係性を説明できなくなることです。

「病は気から」、「ストレスは万病の元」、「健全な精神は健全な体に宿る」などというように、常識的に考えると、心と身体はやはりどこかでつながっているはずです。科学的に考えても、「悲しい時に涙が出るのはなぜか？」という疑問が湧いてくるはずです。それにもかかわらず、両者はまったく別の性質をもった別の存在であるとすると、いったいどうやってこの現象を説明すればいいのでしょうか？

デカルトは脳に松果腺という部位があって、それが両者の相互作用を生み出しているといいました。しかしどう考えても苦し紛れです。後の哲学者たちはこの問題をめぐって頭を悩ませることになります。

アウラ

［超訳］近寄りがたい雰囲気

《用例》
あの人には何だか不思議な**アウラ**を感じるなぁ。さすがは一流の芸術家だ。

もともとは、宗教的礼拝物である仏様やイエス・キリストなどの後ろに描かれたあの「後光」のことを指しています。「芸能人オーラが出ている」という時のオーラのことです。この例からもわかるように、ある種の近寄りがたい雰囲気です。ドイツの哲学者**ベンヤミン**はこの概念について、「いかに近くとも、はるか遠くにあるものの一回限りの現象」と表現しています。

つまり、芸術にはそこにしか表現されない一回限りの事実が存在する点に意味があるのですが、複製技術が発展して、その芸術のもつ意味が変わってきたと指摘します。ピカソの絵はピカソが描いたから意味があるのであって、誰かが真似してそっくり同じものを描いたとしても、価値がないことは容易にわかると思います。オーラがないのです。

ただ、ベンヤミンにいわせると、複製品はまた別の価値をもつといいます。それは誰もが容易に手に入れたり、楽しんだりできるという意味での大衆化です。複製品は現代社会の大衆化に役立っているわけです。

では、なぜ人はオーラを求めるのでしょうか。それは一回限りであるという貴重さにあります。もう二度と味わえないという事実は、私たちに瞬間瞬間を生きることの大切さを実感させてくれます。このように、人はオーラによって、生きているという実感を得ることができるのです。

ヴァルター・ベンヤミン（1892－1940）。ドイツの文芸批評家・思想家。技術の可能性と芸術の手法を結びつけて論じた。著書に『複製技術時代の芸術』、『パサージュ論』等がある。

アガペー

［超訳］無償の愛

《用例》
人類がみんな**アガペー**をもっていれば、戦争はなくなるのにね。

アガペーとは、キリスト教のいう「無償の愛」を指しています。つまり、神が惜しみなく与える愛のことです。キリスト教の考えでは、神は欠けることのない完璧な存在なので、何も求めないのです。したがって、一方的に与えるだけの存在になります。

家族愛は無償の愛だといわれますが、これは親の子どもに対する愛に見られるように、相手に何も見返りを求めず、自らを犠牲にしてでも愛を与えようとするからです。その意味で、家族愛はアガペーであるといえます。

もっとも、哲学でいう愛はこのアガペーだけではありません。もともとギリシ

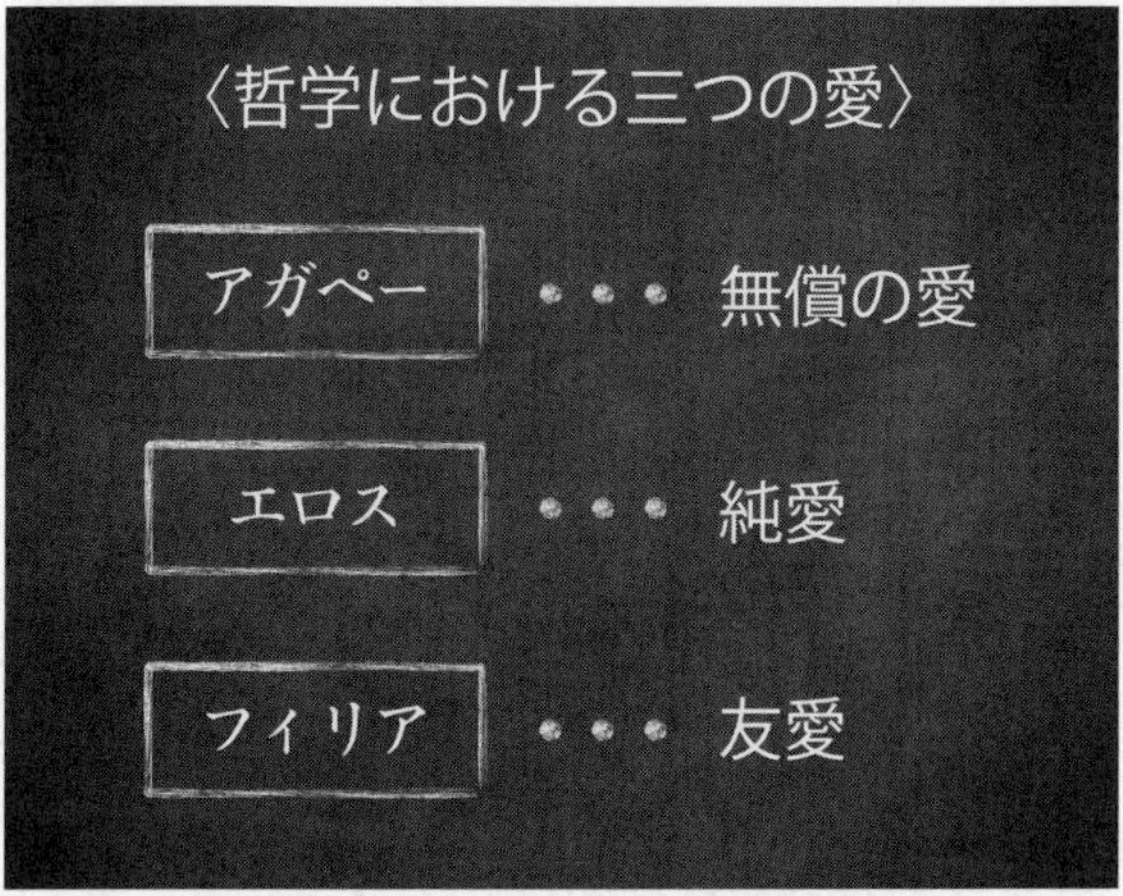

ア語には愛を意味する三つの言葉がありました。その一つがアガペーなのです。

他の二つは、プラトンが唱えた純愛を意味する**エロス**（二二〇ページ参照）、そしてアリストテレスが唱えた友愛を意味する**フィリア**（一五〇ページ参照）です。

したがって、哲学で愛という時、どの愛を指しているのか注意が必要です。

アナーキズム

［超訳］一切の権力をなくそうとする立場

《用例》
政府なんていらないだって？　それじゃまるで**アナーキズム**だよ。それで実際の社会が成り立つのか疑問だね。

アナーキズムは「無政府主義」と訳されます。しかし、単に政府などいらないという意味ではなく、むしろ一切の権力や強制的な権威を排除して、個人の完全な自由を目指そうという点に主眼があります。そこで初期においては、社会主義思想と重なる部分がありました。

たとえばフランスの社会主義者プルードンは、恣意《しい》的な支配は逆に秩序を破壊し、自由を損なうことになるので、政府の機能を社会に委ねようとしました。そしてロシアの革命家バクーニンや、同じくロシアの革命家クロポトキンはこれを社会運動にまで高めたのです。日本の無政府主義者としては、大逆事件で処刑さ

れた幸徳秋水が有名です。彼もまた社会主義者でした。

こうした社会主義的な要素は次第に影をひそめますが、現代でも社会の体制に反対する知識人や芸術家たちが、アナーキズムを掲げています。

なお、無政府主義を信奉する人、つまり無政府主義者のことをアナーキスト、無政府状態のことをアナーキーといいます。

アナロジー

［超訳］類似の関係／類推

《用例》
人生をマラソンや登山になぞらえるのは、わかりやすい**アナロジー**の一つだ。

ある事柄と別の事柄との間に、類似の関係があることをいいます。

もともとは1：2＝2：4というふうに、数学の比例関係を表すために用いられた用語です。それがプラトンやアリストテレス以降の哲学では、より広い意味で使われるようになりました。たとえばプラトンは、「船長が船員のためを思って命令するように、国家は国民のためを思って命令するのだ」というふうに使っています。

その後哲学の世界で頻繁にアナロジーが用いられたのは、神の存在を考えるためです。つまり、神のような普通では理解できないものを、何か類似するものと比較することで考えるわけです。ところが、神に類似するものなど見つかりません。そこで、結局神はあらゆるものを超越した唯一の存在であることが証明されるのです。

このように、アナロジーというのは、物事を理解するためのモノサシのような役割を果たします。ただ、注意しなければならないのは、その理解はあくまで類推であって、事実ではないということです。類似の関係があるにすぎないのです。いくら船長と船員の関係が国家と国民の関係と類似しているからといって、船長のように絶対的な命令を国家が下せるというのはおかしい話ですから。

アニミズム

［超訳］霊的存在への信仰

《用例》
神道も至る所に神が宿っていると信じるんだから、一種の**アニミズム**だといえるね。

アニミズムとは、霊的存在に対する信仰のことをいいます。ラテン語で魂を意味する「アニマ」に由来しています。イギリスの人類学者タイラーが、原始宗教の特徴を説明するために用いました。それによると、原始宗教は霊的存在に信仰をもつといいます。その場合の霊的存在とは、霊魂のことです。

つまり、アニミズムにおいては、世界は霊魂によって構成されており、人間存在も霊魂が身体に宿ったものとして理解されます。したがって、霊魂が身体から離れてしまった状態が病気であり、儀式によって霊魂を呼び戻す必要があるのです。また、宿るべき身体が失われてしまった状態が死です。

哲学書の中では、原始宗教について言及する時や、あらゆるものに神が宿っていると考える**汎神論**《はんしんろん》（二〇〇ページ参照）に言及するような時に、「アニミズム的な」といった表現がされることがあります。

なお、近年の自然保護意識の高まりを受けて、このアニミズム概念を環境思想として再評価しようとする人たちもいます。

エートス

［超訳］習慣によって培われた精神／ある社会を特徴づける気風

《用例》消極的だと批判する人もいるけれど、慎み深さというのは日本人にとっての**エートス**だといえるんじゃないかなぁ。

エートスとは、もともとは「習慣、習俗」を表すギリシア語です。習慣や習俗というのは、自分の属する社会で育まれるものです。アリストテレスは、人間の徳には知性によって育まれるものと、習慣によって育まれるものがあるといいます。

知性による徳は学習によって鍛えることができますが、習慣による徳はそういうわけにはいきません。こちらは自分の属する社会における日々の生活の中で、実践を通して自然に磨かれていくものなのです。したがってエートスとは、習慣によって培われる精神のことをいうのです。そして当然それはその社会全体を特

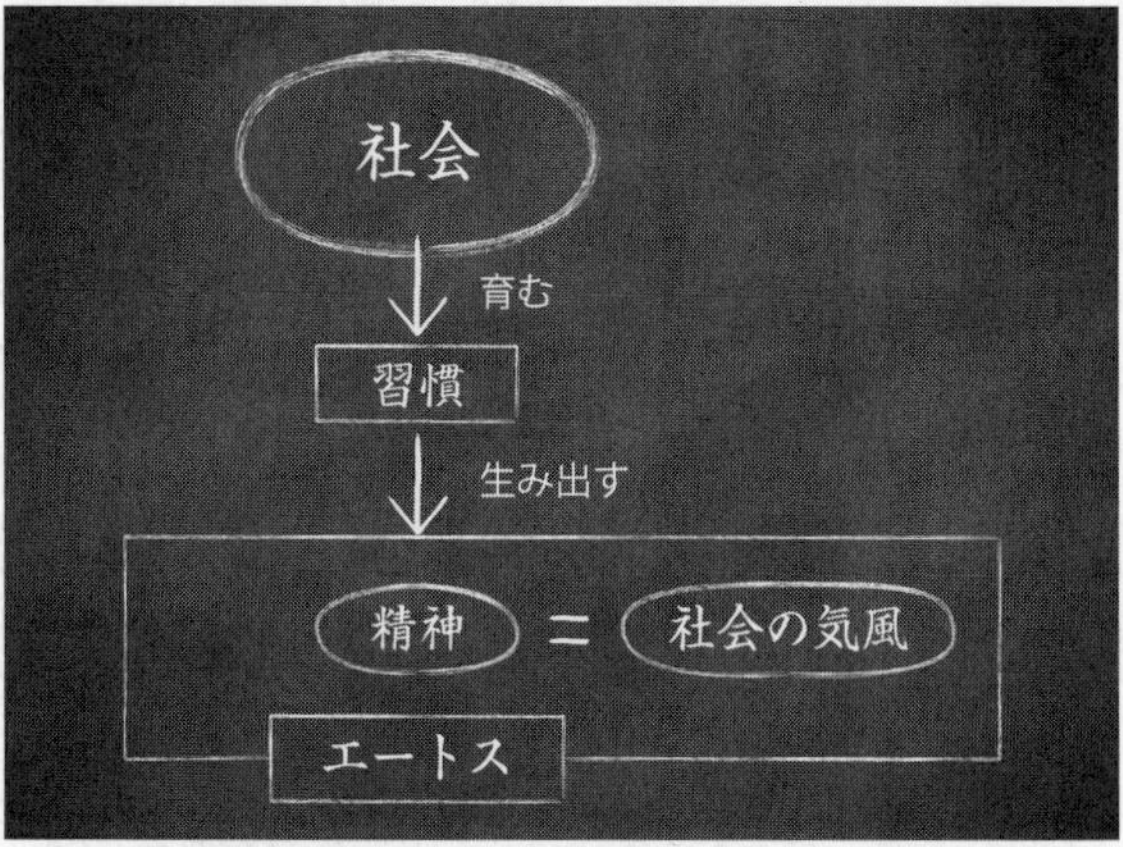

徴づける気風と一致します。

エートスについては、有名な使用例があります。それはドイツの社会学者**マックス・ウェーバー**によるものです。ウェーバーは、西洋社会で資本主義が形成される上で、プロテスタントの倫理が大きな役割を果たしたと分析しています。つまり、プロテスタントが社会の中で禁欲的に働き、富を蓄積したことが背景にあるというのです。こうしたプロテスタントの態度をエートスと呼んでいます。

このようにエートスは、ある社会の中で繰り返される習慣によって培われる精神であり、またその社会を特徴づける気風のことをいいます。

マックス・ウェーバー（1864 － 1920）。ドイツの社会学者。官僚制の分析などで有名。著書に『プロテスタンティズムの倫理と資本主義の精神』、『職業としての政治』などがある。

ストア派

[超訳] 禁欲によって心の平安を求める立場

ストア派は、紀元前三〇〇年頃、キュプロスのゼノンによって創始された哲学の一派です。広場にある彩色柱廊（ストア・ポイキレ）で講義が展開されたため、ストア派と呼ばれるようになりました。

その哲学は一言でいうならば禁欲主義であり、厳格な倫理を要求するものです。

具体的には自然学、論理学、倫理学の三つに分けられます。

自然学では、自然がすべてを決定しているとして、宇宙全体の出来事をすべて必然のものととらえようとします。偶然などというものは存在しないのです。ま

た、論理学では、認識について扱われます。人間は経験によって印象を抱くのですが、この印象がしっかりとした知識となる時、人は判断を誤ることはないといいます。

さらに、倫理学については、徳を獲得し、いかなる情動にも左右されないアパテイアの境地が目指されます。こうした安定した境地における生活こそが、ストア派の目指す理想といえます。

なお、禁欲的を意味するストイックという語は、このストア派の哲学に由来するものです。

ゼノン（前335頃ー前263頃）。キュプロス出身の哲学者。禁欲を目指すストア派の創始者。著書に『国家』などがある。

エピクロス派

[超訳] 快楽によって心の平安を求める立場

エピクロス派というのは、古代ギリシアの哲学者**エピクロス**を始祖とする哲学の一派です。エピクロスはアテナイに「庭園」と呼ばれる学園を開き、そこで弟子や仲間と共同生活を送りました。

彼らの哲学は、快楽を幸福ととらえて追求する快楽主義です。しかし、単に享楽的な生活を送ればいいというのではなく、あくまで心の平安である**アタラクシア**（一二二ページ参照）を目指そうというものです。それは「身体において苦痛を覚えず、魂において動揺しない状態」と表現されるものです。

具体的には、規準論、自然学、倫理学の三つに分類されます。規準論とは、認識に関する理論のことで、魂を動揺させる臆見《おっけん》を退け、確実で安定した知識を得なければならないとします。また自然学においては、物体が原子から構成されていると主張します。これも自然災害を物理的に説明することによって、魂が抱く恐怖を取り除くことを目的としています。

そして倫理学では、快楽を善、苦痛を悪として回避するよう説きます。つまりいずれの学問においても、心の平安を得るための方法が追求されているわけです。エピクロス派は快楽を幸福ととらえる点で、禁欲主義的な立場をとる**ストア派**（一〇二ページ参照）によって非難されましたが、心の平安を求めるという意味で、両者が目指すところは同じであるといえます。

なお、現代では快楽主義者のことをエピキュリアンと呼ぶことがあります。

エピクロス（前341頃－前270）。古代ギリシアの哲学者。快楽を肯定するエピクロス派の創始者。「庭園」と呼ばれる共同生活のための学園を開いた。

永遠回帰

[超訳] 同じことが永遠に繰り返される苦しみ

永遠回帰とは、世界には意味などなく、永遠に繰り返す円環運動にすぎないということを指しています。「永劫《えいごう》回帰」ともいいます。

ニーチェによると、人間が悩みをもつのは、人生に意味を求めすぎる点にあります。しかし、この世に絶対的な価値などないのです。

たしかに、ヨーロッパ社会を支配していたキリスト教が掲げる価値も、決して絶対的なものではありません。古代ギリシア以来の哲学が提示してきた価値も同じです。このように、世界に意味などないと説くのが、**ニヒリズム**（虚無主義／四八ページ参照）の考え方です。

人間はすぐ新しい価値を求めようとしますが、どんな価値を求めようとしても同じことです。結局何も変わりません。大切なことは、世の中に価値などない、人生に意味などないということを潔く認めることなのです。

世の中では永遠に同じことが繰り返されているにすぎません。それがニーチェのいう永遠回帰です。たとえ生まれ変わったとしても、まったく同じことが永遠に繰り返されるのです。

こうした考え方は、前世での行いが来世に影響するという仏教の輪廻転生思想や、来世で救われるというキリスト教の終末救済思想などとは根本的に異なるものです。その点に画期性を見出すことができるといえます。

どのように生きても結局同じ苦しみを味わうに過ぎないというのは、すごく苦痛なことではあります。ただ、むしろその状態を受け入れることではじめて、悪あがきすることなく強く生きていけるようになるとも考えられます。ここからニーチェの**超人**（二三六ページ参照）思想が導かれるのです。

社会契約説

［超訳］人民が契約によって国を支配するための理屈

《用例》
国家を作っているのは自分たち一人ひとりだという発想は、**社会契約説**に基づいているんだ。

社会契約説というのは、王様の絶対権力を否定して、人民が自分たちで契約に基づいて国を作ろうとする理論です。絶対王政の時代には、王は神から支配する権利を与えられたとする「王権神授説」を唱えていました。それに対抗するための理論が社会契約説だったのです。

社会契約説にもいくつか種類があります。まず、イギリスの**ホッブズ**のそれは、人民の自然権、つまり人々が生まれもった権利を丸ごと王様に譲渡するというものです。したがって、結局王様が支配するという点に変わりはありませんでした。また同じくイギリスのロック（一四五ページ参照）の説は、統治を議会に

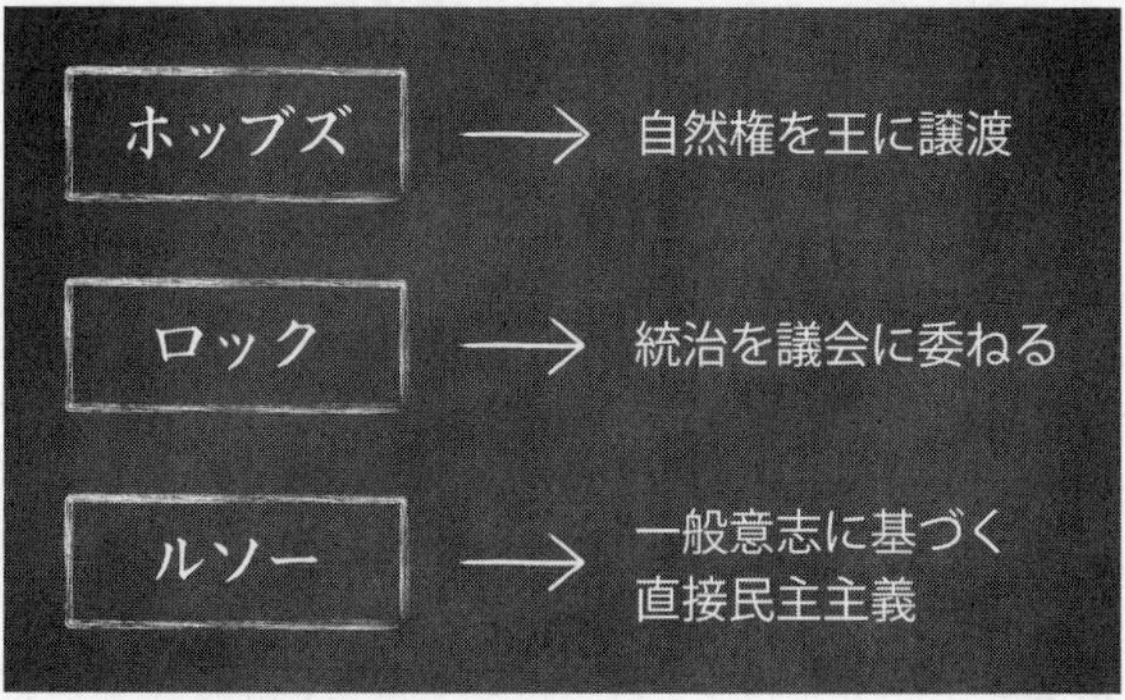

委ねるもので、それゆえ人民は抵抗権をもちます。ただ、人民は議会を通じて間接的に社会を支配するにとどまります。

これに対して、フランスのルソー（一一一ページ参照）の社会契約説は、人民が直接国家を支配するという直接民主主義を主張するものです。そのための理論として、人民が共通に抱く**「一般意志」**（一一〇ページ参照）概念が想定されました。一般意志に基づいて、人々はみんなで社会を支配できると考えたのです。

ルソーの『社会契約論』は、当時のヨーロッパ社会ではまだまだ社会を転覆しかねない危険思想と目され、彼は迫害を受けます。実際、この本はフランス革命のバイブルにもなりました。

トマス・ホッブズ（1588 － 1679）。イギリスの哲学者。万人の闘争を避けるため、王に権利を譲渡するという社会契約説を説いた。著書に『リヴァイアサン』、『人間論』などがある。

一般意志

［超訳］みんなの意志

《用例》
国民が何を求めているかを知るのは簡単じゃないけれど、世論の多くが求めていることは国民の**一般意志**ととらえていいんじゃないだろうか。

一般意志とは、**ルソー**の概念で、人民が契約によって国家を作るための共通の意志のことです。彼は、契約によって全員の意志を確認し、その意志に服従することで国家が作れると考えました。これであれば、「各人がすべての人に結ばれながら、自分自身にしか従わず、以前と同じように自由であること」が可能になるといいます。全員が全員に、つまり自分は自分自身にしか服従しないのだから、個人の自由も守れるというわけです。

その際の全員の意志こそが「一般意志」と呼ばれるものなのです。よく間違われるのですが、一般意志は「全体意志」ではありません。全体意志は、単純に個人の特殊意志を足し合わせたものに過ぎず、いくら足しても一般意志にはなり得ないのです。

一般意志というのは共通の利益であって、みんなにあてはまる性質を帯びるといいます。一般意志は「互いに対立して否定し合う、もっとも多いものと、もっとも少ないものを特殊意志の中から差し引くと、その差し引きの総和として残る」ものであると。

このような意志を見出すには、十分な議論が必要です。そこからルソーは、全員が議論して全員で国家を統治する直接民主制を理想とします。ですから、国家の規模は必然的に小さなものとなります。

このような内容をもつルソーの一般意志の概念は、全体主義を招きかねないと批判されることがあります。全員同じであることを要求すると、そこにはもはや自由はなくなってしまうのではないかということです。しかし、この批判は間違っています。なぜなら、ルソーはあくまでも自由を求めていたからです。

ジャン＝ジャック・ルソー（1712－1778）。フランスの哲学者。一般意志に基づく社会契約説を説いた。教育論でも有名。著書に『社会契約論』、『エミール』などがある。

ペルソナ

[超訳]もう一つの顔

《用例》君は普段、善人としての**ペルソナ**をかぶっているだけなんじゃないか？

ペルソナとは英語でパーソンのことであり、人格や個性を意味します。もともとはラテン語で「仮面」を意味する語から来ています。近代における個人の主体性や人権を重視する思想とあいまって確立されてきました。つまり、近代社会は、キリスト教がすべてを支配していた中世の時代とは異なり、個人の存在を重視する時代なのです。

現代では、人間があたかも仮面をかぶるかのように、対外的に複数の人格を使い分ける様を形容する心理学の用語としても使われます。**ユング**の用語です。いわば、私たちのもつ、もう一つの顔です。

他方でペルソナは、キリスト教でいう三位一体論においても使われます。つまり、唯一の神が父と子と聖霊という三つの存在様式をもつということです。いわば神は一つの本質であるため、父、子、聖霊のいずれも実体としては同じなのですが、神の人格である位格（ペルソナ）に関しては三つの形態をもって現れるという意味です。

カール・グスタフ・ユング（1875 － 1961）。スイスの心理学者。集合的無意識の存在を指摘。著書に『心理学的類型』、『心理学と錬金術』などがある。

疎外

［超訳］遠ざけられていること

《用例》
派遣切りでモノのように捨てられてしまう労働者の現状は、人間の**疎外**といっていいんじゃないだろうか。いつ革命が起こってもおかしくない。

疎外とは、疎遠な状態、遠ざけられていることをいいます。多くの哲学者が用いていますが、中でもマルクスの用法が有名です。

マルクスによると、労働者は賃金を受け取るわけですが、生産した商品自体は資本家のものになりますから、まず商品から遠ざけられます。商品の疎外です。次に労働そのものも単に資本家の命令のもと、分業させられるだけですから、労働からも遠ざけられます。これが労働の疎外です。

さらに、労働者は他の労働者と競争せざるを得ず、その競争に勝つことでより高い賃金を与えられるのです。これは人間の能力が人間そのものではなく、貨幣価値によって測られるという意味で、人間から遠ざけられていることを意味します。人間の疎外です。

これではただの歯車にしか感じられなくなるのも無理ありません。社会を動かすための部品として、ひたすら働くだけなのですから。この状況を抜け出すためには、そんな疎外状況を克服して、新たな社会を築くよりほかにありません。

そのためにマルクスは、革命を起こし、まずは生産手段を労働者みんなの共有にする必要があると主張します。そして、生産したものはみんなで分けるという経済システムを導入しなければならないといいます。これが社会主義思想です。

つまり、疎外の概念は、社会主義思想のモチーフになっているといえます。

詭弁

［超訳］強引な屁理屈

《用例》
君はそれで僕を説得したつもりかもしれないが、明らかに**詭弁**だよ。

詭弁《きべん》とは、一見正しそうに見えて、実は正しくない論理をいいます。相手を論《ろん》駁《ばく》するためだけに用いられる弁論術のことです。実際には、強引な屁理屈にすぎません。ソクラテスは、この詭弁を用いて相手を論駁することだけを旨としていたソフィストたちを非難しました。そして彼らを問い詰めたのです。

弟子のプラトンやアリストテレスも、やはり詭弁を批判しています。とりわけアリストテレスは、詭弁を見せかけの知による金銭獲得術だと非難します。そのうえで、これを単に言葉遣いの濫用によるものと、論理自体の濫用によるものに分類しました。

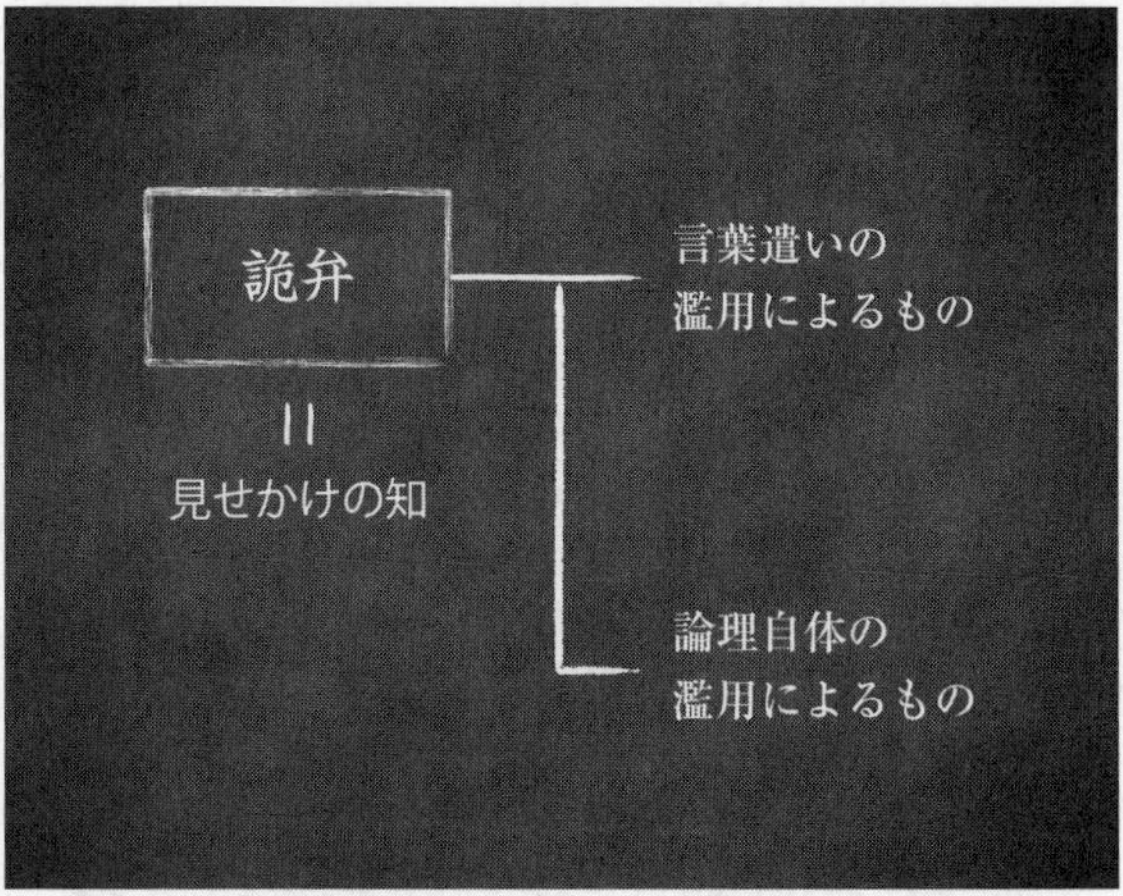

たとえば、論理の濫用で有名なものの一つに、「論点のすりかえ」を挙げることができます。論点のすりかえとは、論じている内容とは異なる論点を持ち出すことで、話をそらそうとするものです。謝れといわれた時に、「謝って済むなら警察はいらないだろ？」と切り返すように。

この返答はそのとおりで、一見正しそうですが、それとこれとは話が違うということは誰の目にも明らかです。

エディプス・コンプレックス

［超訳］幼児期の心の葛藤

《用例》
その年になって父親に威圧感を覚えるなんて、君は**エディプス・コンプレックス**を克服していないいんじゃやないか？

エディプス・コンプレックスとは、父親に代わって母親と性的関係を結ぼうとする無意識的な欲望を指しています。いわば幼児期に子どもが抱く心の葛藤の一つです。これはフロイトによる精神分析学の主要な概念で、父親を殺し、母親を娶《めと》ったエディプス王の神話からとったものです。

子どもは食欲なら簡単に満たせても、母親への独占欲だけは、父親の存在ゆえに満たすことができません。もし自分が母親を自分のものにしようとすれば、父親に男根を切り落とされるという恐怖に苛《さいな》まれるというのです。そこで、子どもは父親の前でいい子になろうと努力します。こうして規範意識が形成されるわけ

です。

ドゥルーズとガタリが、『アンチ・オイディプス』という本の中で、この概念を批判しています。つまり、欲望とはフロイトのいうように、心の中にあらかじめ備わっているようなものではなく、社会において形成されていくものだというのです。

なおユングは、娘が父親に対して独占欲を抱き、母親に対抗意識をもつ場合を「エレクトラ・コンプレックス」と名づけました。

ジル・ドゥルーズ（1925－1995）。フランスの現代思想家。ポスト構造主義に分類。精神分析家フェリックス・ガタリとの共著が多い。著書に『差異と反復』、『アンチ・オイディプス』などがある。

昇華

［超訳］欲求の置き換え

《用例》
恋愛のエネルギーを受験勉強に振り向けているだなんて、君は**昇華**に成功してるね。

昇華とは、本能的な欲求が他の社会的に認められた対象に置き換えられることをいいます。フロイトの精神分析概念の一つです。もともと昇華は、固体から気体への変化を意味する化学用語です。それが心の状態の変化に用いられたのです。

フロイトによると、欲求を他の衝動に置き換えることによって、心の抑圧が解消されるといいます。たとえば、性的な欲動が芸術の形をとって現れることがあるように。フロイトは、人間には心の抑圧を解消するための仕組みが備わっているとして、それを防衛機制と呼びました。昇華は防衛機制の一つです。

第三章

チンプンカンプンのカタカナ用語

アタラクシア

［超訳］心が落ち着いた状態

《用例》
今日は何一つ起こらない静かで幸せな一日だったね。まさに**アタラクシア**の境地で過ごすことができたよ。

快楽を幸福と考える古代ギリシアの**エピクロス派**（二〇四ページ参照）と、そうした独断的な態度に懐疑的な立場をとる懐疑派の両者が共に哲学の目的として掲げる概念で、魂がかき乱されていない静穏な状態を指しています。エピクロス派というのは、エピクロスを創始者とする学問の一派で、快楽こそが幸福であると考える人たちです。

ただし、ここでいう快楽は、決して食欲や性欲のような欲望のことを指しているわけではありません。そうではなくて、単に身体に苦痛がなく、心も穏やかな状態を指しているのです。

では、どうすればこのような状態に至ることができるかというと、それは心を動揺させるような偏見を退けることによってです。とりわけ人間は、常に死への恐怖におびえています。それを退けるためには、論理的な思考によって不安を解消するよりほかありません。つまり、理性的な思考こそが、アタラクシアの境地に到達するための王道なのです。

ちなみに、似たような境地にアパテイアというのがあります。こちらは**ストア派**（一〇二ページ参照）が理想とする境地です。いわば不動心のことです。ストア派というのは、ゼノンを創始者とする一派で、理性によって感情を抑制する禁欲主義の立場をとります。したがって、ストア派にとっても、やはり感情や欲望によって心が乱されるのはよくないことなのです。

アフォーダンス

［超訳］知覚が行動のための情報を提供すること

《用例》
この赤いボタンはいかにも押したくなるね。それが**アフォーダンス**だよ。

アフォーダンスとは、「提供する」という意味の語「アフォード」を元にした造語です。アメリカの知覚心理学者**ギブソン**が用いた概念です。先に例を示しましょう。

アフォーダンスは日常の中に多く取り入れられています。たとえば、押せばいいのか引けばいいのか、形を見てすぐわかるようにするのが、アフォーダンスです。ドアの取っ手が平らでつかむところがないなら、押すしかありません。逆に突き出ていてつかめるようになっていれば、思わず引いてしまうでしょう。

このように、知覚するだけでどういう行動をとればいいのかすぐわかる、あるいは思わずその行動に出てしまうというのがアフォーダンスの機能なのです。

つまりギブソンによると、知覚とはある一定の環境の中で、人がどのように行為できるのか、あるいは行為すればいいのか、情報を把握することにほかならないのです。通常知覚は単なる刺激であって、必ずしも行動のための情報を提供するものとは位置づけられていません。その点で従来の伝統的な知覚観とは異なるものといえます。

このギブソンの知覚観に基づくと、生物は周囲の環境に適応することを目的として知覚をしていることになります。こうした考え方は生態学的アプローチと呼ばれます。このようにアフォーダンスとは、知覚が行動のための情報を提供することであるといえます。

ジェームズ・ジェローム・ギブソン（1904 － 1979）。アメリカの知覚心理学者。アフォーダンスの概念を提唱。主著に『生態学的視覚論』、『直接知覚論の根拠』などがある。

アプリオリ／アポステリオリ

［超訳］経験なしに／経験に基づいて

《用例》
何でもかんでも**アプリオリ**に答えが出るものではないと思うよ。

アプリオリ、アポステリオリというのは、共にカントの用語です。アプリオリとは、なんの前提もなしに、それのみで物事を説明できるという意味です。これに対して、アポステリオリとは、経験から説明できるという意味です。普通物事は経験があってはじめて理解できるわけですから、アポステリオリのほうがわかりやすいでしょう。

ただ、カントにいわせると、ある種の事柄は経験なしに説明することができるということになります。たとえば、計算式は経験に由来するものではないというのです。1＋1＝2であることは自明なのです。いわばそれは、人間が生まれもった能力、先天的な能力なのです。物事を理解するための頭の中のモノサシと理解してもらえばいいでしょう。

カントはそのモノサシを二種類に分けています。一つは、時間と空間というモノサシです。私たちは物事を理解する際、「いつどこで」というふうに、まず時間的位置づけ、空間的位置づけをはっきりさせようとします。二つ目は、「**カテゴリー**（二二六ページ参照）」と呼ばれる論理法則の一覧表です。「AならばB」といった論理的思考のことです。

このように、カントはアプリオリとアポステリオリという概念を用いて、私たちが物事を理解する際のメカニズムを明らかにしたといえます。

アポリア

［超訳］永遠に答えの出ない難問

《用例》
あちらを立てればこちらが立たない。本当にこの問題はアポリアだね。

アポリアというのは、文字通り訳すと、「行き詰まり」とか「袋小路」という意味になります。もともとはソクラテスが相手に質問をし、出てきた答えに対して相反する質問を投げかけたことに始まります。

たとえば、「地球の形は？」という質問に「球体に決まっている」と答えた人に対して、「ではなぜ私たちは地球の上に立っていられるのか？」と問い返すような感じです。つまり、相反する二つの推論がともに成り立つ状況を指します。

アリストテレスもアポリアのことを「相反する推論の対等性」と定義していますが、これもまた同時に成り立つ二つの理屈のことをいっているわけです。たとえば、人間は生まれてきたからには生きなければなりません。しかし同時に、生まれてきた瞬間から、もう死に向かって進んでいるのです。まさに生きるということは、相反する二つの理屈が同時に存在するアポリアだといえます。

その意味で、アポリアとは永遠に答えの出ない難問なのです。考えてみると、先ほどの生きるという問いもそうですが、哲学の問いは概ね答えの出ない問いばかりです。自由とは何かとか、愛とは何かとか。でも私たちはそれらの問いを追求し続けます。ですからアポリアは単に永遠に解けない難問であるだけでなく、永遠に追い求めるべき理想といえます。

アレゴリー

［超訳］喩え

《用例》
直接的な言葉を使うより、**アレゴリー**で表現したほうが知的に聞こえることはあるよね。

アレゴリーというのは、一言でいうならば「喩え」のことです。文学に適用される時は「寓意《ぐうい》」ということもあります。もともとギリシア語で「別の語を用いる」という意味の語から来ています。

どうしてこのようなものを用いるかというと、あえて別の表現を用いることで、本当に伝えたいことをより深く伝えることが可能になるからです。いわゆる隠喩（**メタファー**。三〇ページ参照）のことです。

たとえば、単に「あの人は頭が空っぽだ」というよりも、「あの人は頭がピーマンだ」と表現したほうが、よりイメージが湧きますし、またいいたいことを率

直に伝えることができるのです。表現が生き生きするといってもいいでしょう。文学でこの手段がよく用いられるのはそのためです。
逆にアレゴリー的解釈といって、文章の中に何か隠された意味がないか探るということもできます。哲学は普通の言葉の背後に隠された本質を探る営みですから、まさにアレゴリー的解釈が求められる学問であるといえるのではないでしょうか。

アンガージュマン

［超訳］積極的かかわり

《用例》
制約があると嘆いてばかりいても仕方ない。その制約に**アンガージュマン**していくことで、自分の自由を実現するのが理想的な生き方だともいえる。

アンガージュマンとは、サルトルの用語で、積極的かかわりを意味します。engagementと綴《つづ》りますが、フランス語なので「アンガージュマン」と発音します。ただ、英語ではコミットメントと訳されることが多いです。

サルトルには戦争体験があります。そのことが彼の思想にも影響しているのでしょう。彼は一時期徴兵され、従軍させられます。その避けることのできない拘束の中で、結局自由とは、与えられた「状況」の中でしかあり得ないものなのだと悟りました。

与えられた状況の中で自由を実現するにはどうすればいいか。逃げることができないなら、もはやそこに飛び込むよりほかありません。これがサルトルの導き出した答えです。

それは自分の気持ちだけではどうにもならない客観的な事態を、仕方ないものと受け止めるような消極的な態度とは百八十度異なるものです。そうではなくて、積極的な社会参加によって、客観的事態をも変えることができるという前向きな態度なのです。

こうしてサルトルの**実存主義**（一七六ページ参照）は、自己の行動を通じて社会変革を実現する理論として定式化されるようになりました。現に彼自身、ベトナム反戦運動やアルジェリアの独立闘争に参加するなど、アンガージュマンを実践しています。これこそが実存主義的な自由の実現方法なのです。

アンチノミー

[超訳]どっちも成り立つこと

《用例》
これは困ったな。どっちの理屈も成り立つなんて、**アンチノミー**状態だね。

アンチノミーとは、二律背反と訳されることが多いです。非常に難しい表現ですが、要は同じ根拠に基づいて、同時に相反する二つの事柄が成り立ってしまう事態を指しています。その意味では**アポリア**（一二八ページ参照）に似ています。とりわけ有名なのはカントの概念です。

カントは四つのアンチノミーを提案します。一つ目は、世界が有限であるとも無限であるともいえるという点。二つ目は、世界は単純な要素からなるとも、複雑な要素からなるともいえる点。三つ目は、世界はすべて自由であるとも、必然であるともいえる点。四つ目は、世界の物事は絶対的な誰かが決めているとも、まったくの偶然ともいえる点です。

では、どうしてこのようなことが起こりうるかというと、それはカント自身が、世界を二つの異なる視点から見ているからです。つまり、世界は目の前に展開する「現象」と、それとは別に存在する物事の本質たる「物自体」に分けて考えることができるというのです。

したがって、単に現象として見る場合と、物事の本質に着目する場合とで、同じ事柄がまったく反対の内容のものに見えることがあるというわけです。その意味で、アンチノミーは必ずしも矛盾を表しているわけではなく、一つの事柄の二つの側面を表現したものであるということもできるのではないでしょうか。

イドラ

［超訳］思い込み

《用例》
物事を普通とは違う見方で見たいと思うんだけど、**イドラ**が邪魔をしてなかなかうまくいかないんだ。

イドラというのは、**フランシス・ベーコン**の用語で、「偶像」と訳されますが、要は偏見や先入観のことです。つまり思い込みです。真理を把握するためには、あらかじめ思い込みを取り除く必要があります。彼はその思い込みを「イドラ」と呼び、四つに分類しています。四つのイドラを順に見ておきましょう。

一つ目は「種族のイドラ」です。これは人間という種族に固有のイドラで、感情や感覚によって知性が惑わされることによって生じます。人間は自分が主張する立場に固執し、その点からしか物事を判断できないのです。

二つ目は「洞窟のイドラ」です。これはあたかも狭い洞窟に考えが入り込んでしまったかのように、個人の狭い事情によって生じる思い込みです。その人の受けた教育、影響を与えた人物、読んだ本などが原因で、狭い考えに入り込んでしまうわけです。

三つ目は「市場のイドラ」です。これは言語によって生じる思い込みです。あたかも市場で聞いたうわさ話を信じてしまうがごとく、人は言葉のもつ力に弱いものです。今なら市場というよりは、インターネット上に氾濫する言説がその原因になるかもしれません。

四つ目は「劇場のイドラ」です。劇場で観たものに強い影響を受けるように、すでに完成した一塊のストーリーを目の前に提示されると、人は容易に信じてしまうものです。映画を観て主人公になりきるあの感覚です。

ベーコンは「知は力なり」といいました。これは自然の仕組みを理解することで、人間は強くなれるという意味です。そのためにはまず思い込みを退ける必要があります。正しい目標に、正しい方法が備わって、ようやく学問は力となるのです。

フランシス・ベーコン（1561 − 1626）。イギリスの思想家。イギリス経験論の創始者。知識による自然の克服を訴える。著書に『随想録』、『ノヴム・オルガヌム』がある。

エピステーメー

［超訳］知識／その時代のすべての学問に共通する知の土台

《用例》
僕の専門と君の専門は異なるけど、同じ時代を生きているんだから、きっと両方ともに共通する**エピステーメー**は存在すると思うよ。

もともとはギリシア語で、「学的認識」を指します。つまり、知識のことです。たとえばプラトンは、理性が導き出す知識のことをエピステーメーとして、単なる主観にすぎない**ドクサ**（一四六ページ参照）と対比させました。

これに対して、**フーコー**は『言葉と物』の中で、これを独特の知のあり方を表す語として用いました。それは個々の知識の話ではなく、その時代のあらゆる学問に共通する知の土台のようなものです。

たしかに研究者が同じ対象を研究するにしても、時代によって視点が異なってくるものです。というのも、知は世界の枠組みに影響を受けて形成されるものだからです。フーコーは、四つの時代のエピステーメーを区分しています。十六世紀ルネサンスのエピステーメー、十七、十八世紀の古典主義のエピステーメー、十九世紀の近代人間主義のエピステーメー、今後現れるであろうエピステーメーの四つです。

私たちは、知識は普遍的で連続したものであるととらえがちです。ところが、実はそれは気づかぬところで時代の制約を受けているのです。その事実に自覚的になることは、学問的探究にとって有益であるといえるのではないでしょうか。

ミシェル・フーコー（1926 － 1984）。フランスの哲学者。一貫して権力批判の立場から自説を展開した。著書に『狂気の歴史』、『監獄の誕生』などがある。

シニフィアン／シニフィエ

［超訳］言葉の音の側面／言葉の内容の側面

《用例》
コップとグラスは別々のシニフィアンであるがために、別のシニフィエ、つまり別のものとして区別されているにすぎないわけだね。

シニフィアンとは、もともとは「意味しているもの」という意味で、言葉の音のことをいいます。シニフィエというのは「意味されているもの」という意味で、言葉の内容を指しています。言語学者**ソシュール**による概念なのですが、シニフィアンとシニフィエを合わせると、シーニュ（記号）になります。つまり、言葉は音と内容の二つの側面に分けて考えることができるのです。

たとえば、「馬」というシニフィエに対応するシニフィアンは、「uma」という音です。ただ、馬を「uma」と発音するのは日本語だけであって、中国語なら「ma」になります。その意味で両者の関係性は恣意的なのです。ソシュールはこ

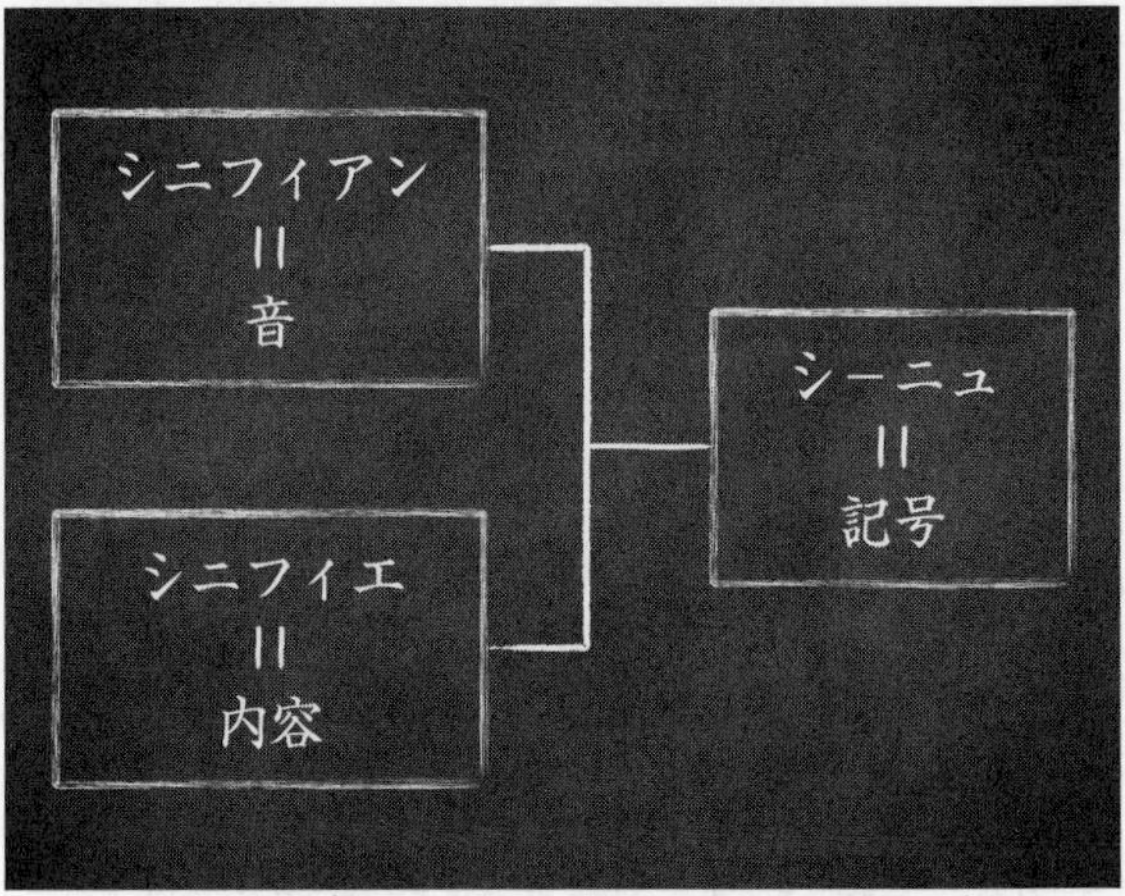

れを「恣意的必然性」と呼びます。

しかも、この対応関係はそう明確なものではありません。つまり、「馬」に対応するシニフィアンには、「uma」のほかにも「kuma（熊）」や「numa（沼）」といった別のシニフィアンが潜在的に対応しているといえるからです。このように両者の組み合わせは、ややもすると間違いやすく、非常に危ういものであるということができます。

フェルディナン・ド・ソシュール（1857－1913）。スイスの言語学者。構造主義言語学を生み出した。著書に死後弟子たちによって出版された『一般言語学講義』がある。

シミュラークル

［超訳］オリジナルのないコピー

《用例》
今の社会で生み出されているものはもうコピーのコピーといっていい。**シミュラークル**だよ。

シミュラークルとは、模造、つまりコピーを意味しています。ただ、普通の模造と異なるのは、オリジナルがない点です。**ボードリヤール**は、現代の消費社会においては、商品や作品がオリジナルからではなく、そもそもコピーのコピーとして生み出されてしまっているといいます。

そこではもはやオリジナルとコピー、現実とイメージの二項対立は意味をなさなくなるのです。ボードリヤールは、そんな社会を「ハイパー現実」と呼びます。ハイパー現実においては、本物が存在しないことから、物事の意味の喪失が生じてしまうというのです。

ジャン・ボードリヤール（1929 – 2007）。フランスの思想家・社会学者。現代消費社会の記号論的分析を行って注目を浴びる。著書に『消費社会の神話と構造』、『象徴交換と死』などがある。

タブラ・ラサ

［超訳］白紙の心

《用例》
赤ちゃんは生まれた時は何も知らないのに、好奇心をもって物事を見ているうちに、知恵を得ていく。**タブラ・ラサ**にたくさんのことが書き込まれるのだ。

タブラ・ラサとは、**ジョン・ロック**の用語です。ラテン語で何も書かれていない板という意味なのですが、「白紙の心」といっていいでしょう。ロック自身、白紙という表現も用いています。つまり、私たちが経験によって得た知識が、白紙の心に次々と書き込まれていくというわけです。

心の白紙に書き込んでいくというのは、イメージが湧きやすいと思います。何かを見聞きしたら、それを理解して自分のものにします。あたかも自分だけのオリジナルのアイデア帳が埋まっていくかのように、次々とアイデアが心の中に蓄積されていくわけです。

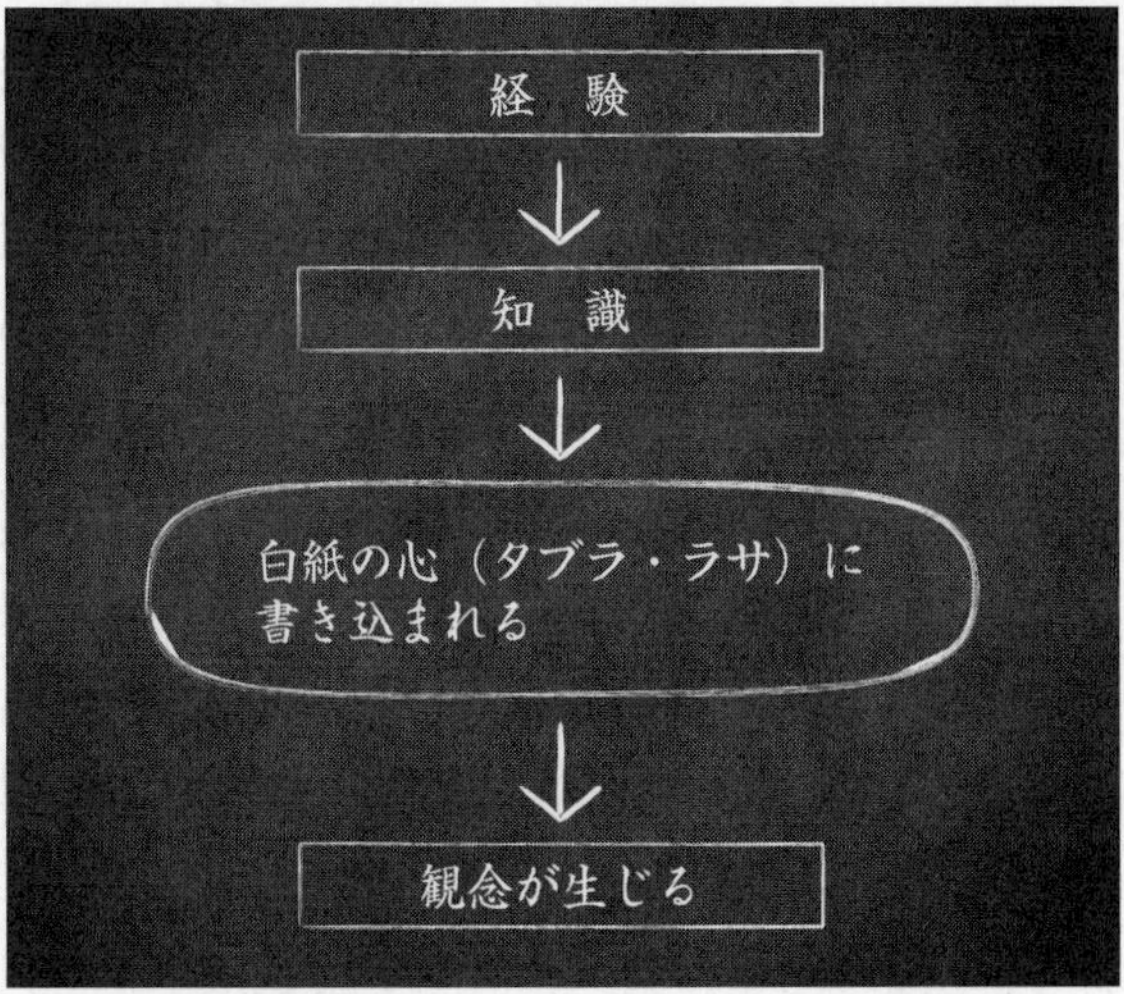

ロックは**経験論**（一九四ページ参照）に立ちますから、人間は生まれた時、心の中が白紙の状態だと考えるのです。これに対して、デカルトのような**合理論**（一九〇ページ参照）に立つ人たちは、人間には生まれもった**「生得観念」**（一九二ページ参照）があるというのです。生得観念とはあらかじめ心に書かれたものです。

経験論と合理論、どちらが正しいともいえませんが、少なくとも私たち人間が、何か新しい事柄を学ぶことができるのはたしかだといえます。

ジョン・ロック（1632 － 1704）。イギリスの哲学者。イギリス経験論の完成者。社会契約説など政治思想でも有名。著書に『人間知性論』、『統治論』などがある。

ドクサ

［超訳］独断による思い込み

《用例》
君が本当に物事の本質を理解したいのなら、**ドクサ**を捨て去ることが必要だと思う。

ドクサとは、「臆見《おっけん》」とも訳されるように、独断による思い込みを意味するギリシア語です。プラトンは物事の理想状態である**イデア**（八四ページ参照）を背景にして、**理性**（六八ページ参照）が導き出す知識を**エピステーメー**（一三八ページ参照）と呼びました。

これに対して、単に感覚器官が受容したにすぎない知識を下位のものと位置づけました。こちらがドクサです。つまり、目にしただけのものをそのまま何も考えずに受け入れてしまった結果がドクサなのです。しかしプラトンは、そのドクサを退けて、考えることによってエピステーメーを得よというのです。

ドグマ

［超訳］独断

《用例》**ドグマ**に基づいた発言は慎むべきだよ。信用性を欠くからね。

ドグマは正式にはドグマティズムといい、「教条主義」などと訳されます。通常は、物事を判断する際、何の根拠にもよらず独断で行うことを意味しています。古代ギリシアでは、単に「思われること」を意味するだけでしたが、中世になると、異教の教説を指すようになります。

しかし、この語が現代のように独断を意味する否定的な概念として重要になってきたのは、ルネサンス以降です。何でも疑ってかかる**懐疑主義**（二五一ページ参照）の影響によって、独断で物事を論じる人間が批判されました。近代では、カントが批判精神を欠いた独断論を非難しています。

ノマド

［超訳］既存の秩序に抗して自由な生き方ができる人

《用例》国家の枠なんて気にせず生きたいだなんて、君は**ノマド**だね。

ノマドとは、もともとは季節ごとに移動して生活する遊牧民のことをいいます。そこから転じて、最近では、カフェや自宅などを転々として、決まったオフィスで働かないような人たちのことを指す用語としても使われます。

ただ、哲学用語としては、ドゥルーズとガタリがこれに特別な意味をもたせています。

彼らは共著書『千のプラトー』の中で、ノマドロジーという思想を唱えます。これは遊牧民的生活の復権を目指す思想です。権力を嫌い、境界を越えて活動し、同時に多様な生活を送る生き方を提唱しているのです。

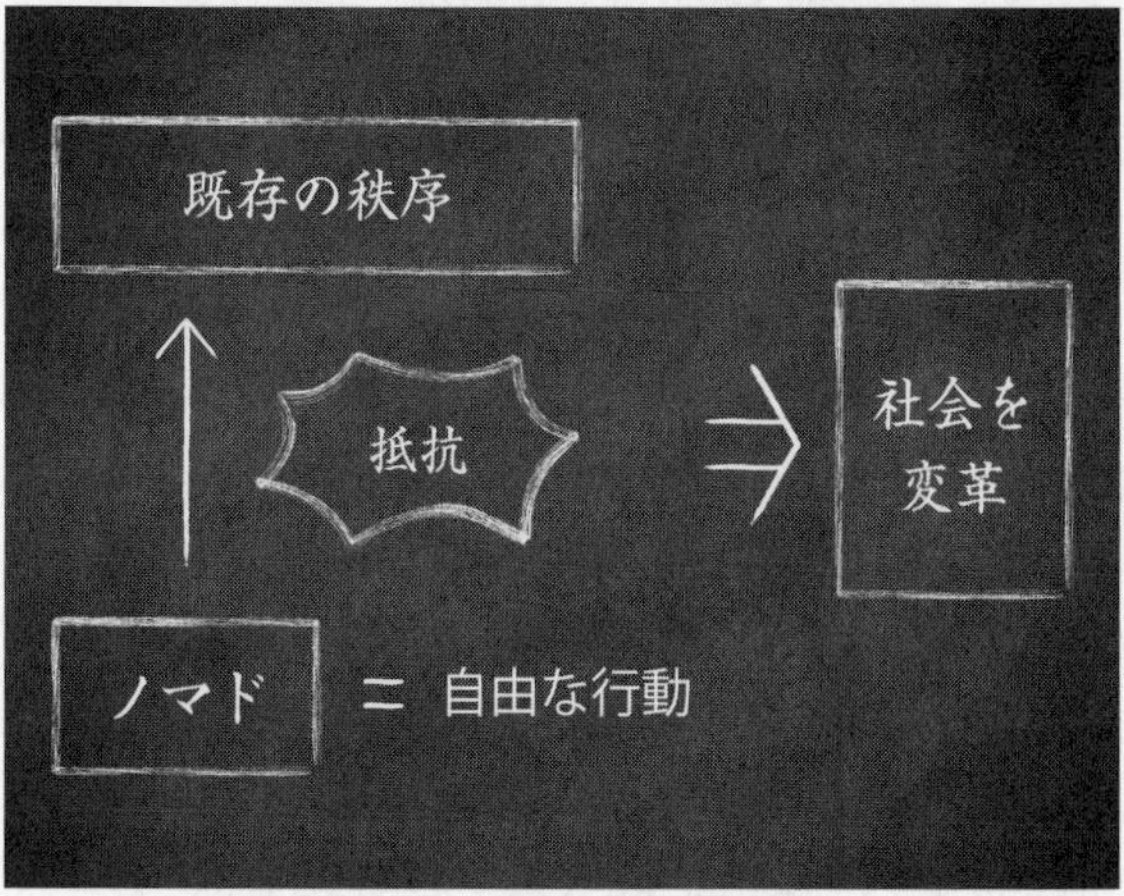

したがってノマドとは、一定の状況の中に閉じ込められていない自由な動きができる人のことだといいます。そしてこの概念は、既成の国家秩序を打ち破るものとして、国境や人種などの固定化された壁を乗り越え、個人が社会を変革していくための力として位置づけられています。

フィリア

［超訳］友愛

《用例》
友達を自分と同じように愛する様を描いた『走れメロス』は、**フィリア**を表現しているといえないだろうか。

古代ギリシアには、愛を意味する言葉が三つありました。フィリア、**アガペー**（九二ページ参照）、**エロス**（二二〇ページ参照）です。

フィリアというのはアリストテレスの用語で、友愛を意味します。つまり同胞愛です。フィリアも愛の一種ではありますが、キリスト教の無償の愛アガペーのように一方的に愛を与えるものではありません。また、プラトンのエロスのように、一方的に追い求めるようなものでもありません。自分と同じように他人を愛するというものなのです。

したがって、友達を思うというのは、自分のように愛するということになります。友情が愛だというのは意外に思う人もいるかもしれません。でも、私たちは友達と恋人のどっちをとるかとか、友達以上恋人未満だとか、あるいは友達から恋人になるなどという表現をします。これは友情が愛と同じカテゴリーにあるからだといえます。

アリストテレスは『ニコマコス倫理学』の中でこの言葉を用いているのですが、共同体における倫理を説くこの本において、仲間との愛は最も重要な倫理の一つであると位置づけています。その意味で、フィリアはアリストテレスの倫理学を象徴する用語であるということができます。

プラグマティズム

［超訳］役立つ知識に価値を置く考え方

《用例》
「仕事や日常生活に役立たない哲学の知識を勉強しても意味がない」だなんて、君は**プラグマティズム**の信奉者だね。

プラグマティズムとは、ギリシア語で行為や実践を意味する「プラグマ」に由来する用語で、アメリカで発展した思想です。一言でいうなら「実用主義」などと訳されますが、主な論者は三人おり、その内容も段階を経て変化していきます。

最初にプラグマティズムを唱えたのは、**C・S・パース**という哲学者で、彼は概念を明確にするための方法としてこの語を用いました。要は、科学的実験の方法を概念の分析に用いることで、概念の意味はそこから引き出される効果によって確定されると主張したのです。

チャールズ・サンダース・パース（1839－1914）。アメリカの哲学者・科学者。プラグマティズムの創始者。著書に『連続性の哲学』、『偶然、愛、論理』などがある。

このパースの創設したプラグマティズムを発展させたのが、同じくアメリカの哲学者ウィリアム・ジェームズです。ジェームズは、パースのいうプラグマティズムの方法を、人生や宗教、世界観といった真理の問題に適用しました。真理というのは、私たちの生活にとって有用な働きをするかどうかといった視点、つまり有用性を基準として考えられなければならないと主張するのです。

こうしてより実践的な思想として発展したプラグマティズムは、**ジョン・デューイ**によって完成されます。デューイは、私たちの日常を豊かにすることを哲学の目的に据えました。そうすると、思想や知識などというものは、それ自体に目的や価値があるのではなく、人間が環境に対応していくための手段となります。知識は人間の行動に役立つ道具としてとらえられるのです。この思想は「道具主義」と呼ばれます。

ジョン・デューイ（1859－1952）。アメリカの哲学者。プラグマティズムの立場から道具主義を唱える。教育論でも有名。著書に『学校と社会』、『哲学の改造』などがある。

ブリコラージュ

［超訳］即興

《用例》
まったくの素人が適当に作ったわりには、この犬小屋はうまくできてるね。**ブリコラージュ**とはこのことだよ。

ブリコラージュというのは、「器用仕事」などと訳されます。つまり、目の前にあるあり合わせの材料で、適当に何かを作ることを意味します。日曜大工をイメージしてもらえばいいと思います。

日曜大工というのは、設計図があるわけでもないし、段取りを論理的に吟味するわけでもありません。まさに適当なのです。それにもかかわらず使えるものが作れるものです。一種の即興です。おそらくそこには何らかの科学的な根拠があるはずです。文化人類学者の**レヴィ＝ストロース**は、それを「科学を知らない人たちの科学」と呼びます。

しかし、考えてみると、世の中は私たちが論理的に理解できる物事ばかりでできているわけではありません。私たちの知らないところにもう一つの世界があるのでしょうか。ブリコラージュは、それを発見するための方法としても利用できます。

レヴィ＝ストロースはこのブリコラージュが神話にも見られるといいます。「神話的な思考は雑多な要素から成り立っているが、限度ある材料を使って表現しなくてはならない。したがって、神話的な思考は一種のブリコラージュである」というのです。

クロード・レヴィ＝ストロース（1908 − 2009）。フランスの文化人類学者。構造主義を唱え、西洋近代の優位性をくつがえそうとした。著書に『悲しき熱帯』、『野生の思考』などがある。

メタ

［超訳］上位の次元のこと

《用例》
君がいっているのは、問題となっている理論そのものではなくて、その理論を構成する理論、つまり**メタ**理論の話だと思う。

メタとは、「後の」あるいは「超えた」などという意味をもつ接頭語です。何らかの対象を記述したものがある時、さらにそれを対象とした記述をメタと呼びます。イメージとしては、何かのさらに上位の次元にあるものととらえることができます。

たとえば、言語という対象に関しては、これを記述するものがメタ言語です。日本語で書かれたギリシア語の解説本を例に考えましょう。この場合、ギリシア語が対象言語で、日本語がメタ言語となります。つまり、それを超えたといった意味です。

したがって、よく「メタレベル」という表現をすることがありますが、これは問題となっている物事の一段上の次元における理論を指しているのです。対象となる物事そのものを取り沙汰するのではなく、それを構成している上位の理論について考える場合、メタレベルで考える、あるいは議論するということになるわけです。

たとえば「議論の中身そのものを考える前に、議論の仕方を考えよう」というのはメタレベルの話になります。

モラリスト

［超訳］エッセー形式で道徳を論じた思想家たち

《用例》
君の論文は体系立っていない。まるでエッセーを書くモラリストのようだね。

モラリストとは、モラルに由来する語であることからわかるように、道徳について書く人たちのことを意味しています。つまり、人間のあり方を見つめ直し、道徳的生き方について提言を行う作家の総称です。

しかし、カントのような道徳哲学を説く思想家とは異なり、何らかの規範を提示したり、体系を構築するようなことはありません。むしろそのような、人間世界を全体的に包括する体系的な思想などあり得ないと考えているのです。

彼らの目的は、あくまで自らの体験に基づき、思うままに描写する点にあります。したがって、形式としても、体系的な思想というよりは、エッセーや箴言《しんげん》と

ミシェル・ド・モンテーニュ（1533－1592）。フランスの思想家。モラリスト。懐疑主義の立場から人間の生き方を探究。著書に『エセー』、『旅日記』などがある。

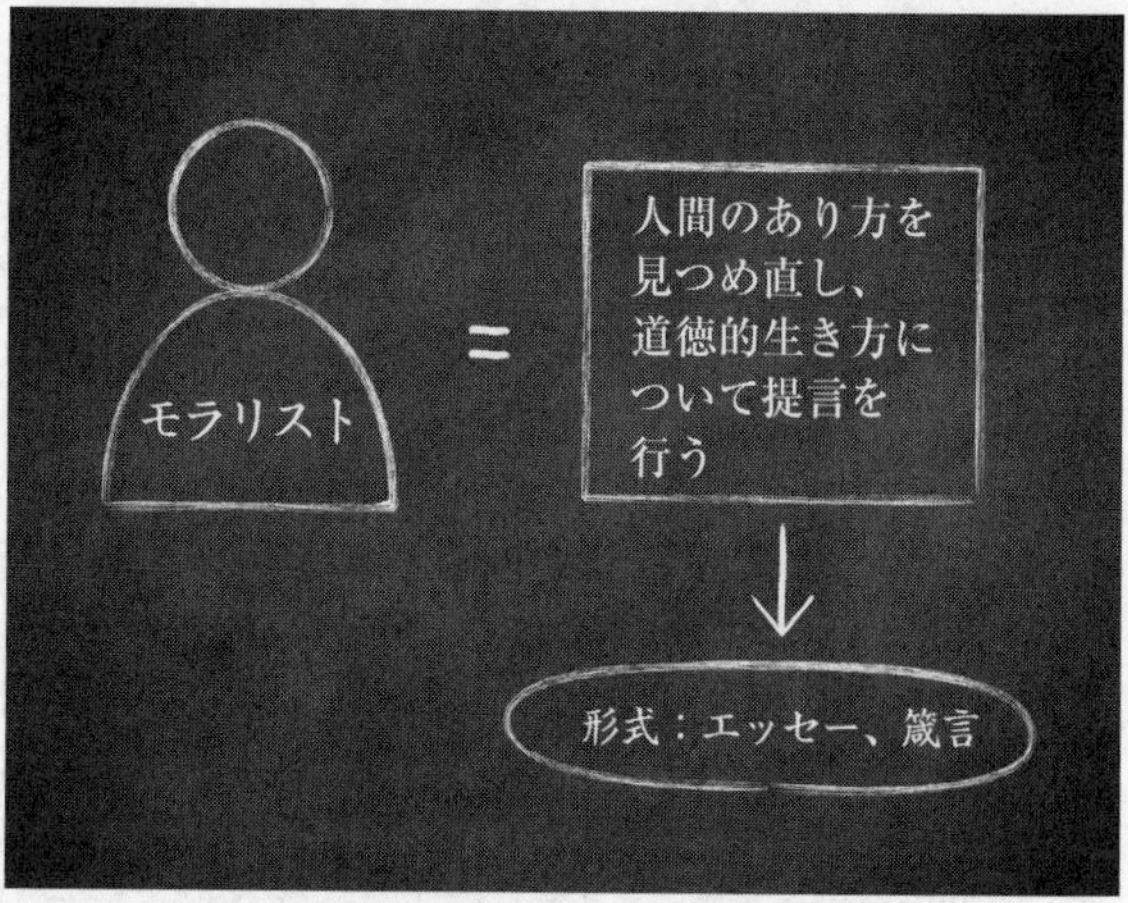
モラリスト
＝
人間のあり方を
見つめ直し、
道徳的生き方に
ついて提言を
行う
形式：エッセー、箴言

いった比較的自由なスタイルをとります。

その意味で、どの思想家あるいは作家をモラリストとして位置づけるかは難しいのですが、とりわけ十六世紀から十八世紀にフランスで活躍した思想家、たとえば、**モンテーニュ**（代表作『エセー』）や**パスカル**（代表作『パンセ』）を代表的な人物として挙げることができます。

ブレーズ・パスカル（1623 － 1662）。フランスの科学者・思想家。モラリスト。人間の生き方をエッセー風に表現した。著書に『パンセ』、『プロヴァンシアル』などがある。

リバタリアニズム

［超訳］個人の自由を極端に重視する立場

《用例》
「政府は小さければ小さいほうがいい」なんて、君は**リバタリアニズム**の立場をとるわけだね。

リバタリアニズムとは、「自由尊重主義」とも訳される政治哲学の用語です。そして、リバタリアニズムを主張する人たちを「リバタリアン」といいます。一般的には個人の自由や選好を最大限尊重する極端な個人主義の立場を指します。ただ、その内容は幅広く、色々な立場があります。国家をまったく廃止するという立場から、ある程度の国家のかかわりを認める立場まで。

その中でも、一九七〇年代、**ロバート・ノージック**が、「最小国家論」を唱えて注目を浴びたのが、この思想が広まったきっかけともいえます。最小国家というのは、国家を廃止しないまでも、その役割を国防や裁判、治安維持といった最小限にとどめようという主張です。

ここで、同じく個人の自由を重視する**リベラリズム**（五六ページ参照）とリバタリアニズムの違いについても説明しておきましょう。リベラリズムというのはジョン・ロールズの『正義論』以来、福祉国家論のような意味合いで用いられるようになってきています。要は、富の再配分や法的規制による国家の介入を積極的に認めているのです。ところがリバタリアニズムは、逆にそのような形での国家の介入を否定する思想だといえます。

つまり、政府に対して不信感を抱いているわけです。反対に、市場には絶大なる信頼を寄せます。自発的な交換を本質とする道徳的な制度だというのです。この思想が個人主義の国アメリカで人気があるのもよく理解できます。

ロバート・ノージック（1938－2002）。アメリカの哲学者。リバタリアニズムの代表的論者。著書に『アナーキー・国家・ユートピア』『生のなかの螺旋』などがある。

コミュニタリアニズム

［超訳］共同体の美徳を重視する立場

《用例》
地域社会で子どもを育てるという発想があるが、これは**コミュニタリアニズム**の思想に通じる考え方だといえる。

コミュニタリアニズムは、「共同体主義」とも訳される政治哲学の用語です。コミュニタリアニズムを主張する人たちを「コミュニタリアン」といいます。

一九八〇年代アメリカで、彼らはそれまで隆盛だった**リベラリズム**（五六ページ参照）を批判して、「リベラル・コミュニタリアン論争」を巻き起こしました。コミュニタリアンによるリベラルへの批判は次の二点に集約することができます。

一つ目は、リベラリズムのいう「自己」の概念が、歴史や伝統、そして共同体といった文脈から切り離されたバラバラの個人を意味しているという点です。もう一つは、手続きの正しさを優先して、道徳や善に関する議論を放棄している点です。

逆にいうと、コミュニタリアニズムというのは、自己と共同体との相互の関係性をもとに、道徳や善に関する議論を行う思想だということができます。

もっとも、その中身は論者によって多少異なってきます。たとえば、**マイケル・サンデル**によると、私たちは自分の属する共同体と深く関係をもつ存在であるといいます。それゆえに、共同体に対して愛着をもっているのです。そしてそこで育まれた美徳を重視します。いわばコミュニタリアニズムというのは、共同体の美徳に価値を置く立場であるということができるわけです。

一つ注意が必要なのは、共同体の美徳に価値を置くといっても、決して個人の自由を排除するものではない点です。その意味で**全体主義**（五八ページ参照）とは異なります。つまり、コミュニタリアニズムは決してリベラリズムと相いれないものではなく、共同体の美徳と個人の自由のどちらをより重視するかという、程度の違いの問題なのです。現に、どちらをとるかというような二者択一の議論は今や終息したといっても過言ではありません。

マイケル・サンデル（1953～）。アメリカの政治哲学者。ハーバード大学教授。道徳的議論の必要性を説く。著書に『リベラリズムと正義の限界』、『民主政の不満』などがある。

コスモポリタニズム

［超訳］国単位ではなく個人単位で物事を考える立場

《用例》地球全体にかかわる問題を解決するには、国単位ではなくて、**コスモポリタニズム**の発想が必要だと思う。

コスモポリタニズムは、「世界市民主義」とも訳されるように、国家の枠を越えて世界全体を人間が住む共通の場所ととらえる立場です。コスモポリタニズムを主張する人たちを「コスモポリタン」といいます。

このような発想をすることで、国単位ではなく、個人単位で正義や幸福を考えることが可能になります。つまり、国の枠を取り払って考えると、もはや一国の正義や国家全体にとっての幸福など問題にはならないのです。それよりも、一人の人間にとって何が正義になるのか、あるいは何が幸福なのかを問うことこそが重要になってくるわけです。

この発想自体は古代ギリシアの時代からあるものですが、とりわけアレクサンドロス大王が帝国を樹立して以降、都市国家**ポリス**（一二三ページ参照）が崩壊し、現実味を帯びるようになりました。特に、すべての存在者は理性によって支配されていると考える**ストア派**（一〇二ページ参照）という学派にとっては、そもそも国家の枠は重要ではないため、コスモポリタニズムこそが人間の理性に沿った生き方であると考えられました。

中世や近代以降は、コスモポリタニズムは、平和樹立のための思想として位置づけられていきます。『永遠平和のために』を著したカントの**啓蒙主義**（一八〇ページ参照）もその一つといえます。

現代では、貧困問題をはじめとしたグローバルな正義を実現するための政治思想として、国家単位ではなく個人を主体に正義を考えるコスモポリタン・リベラリズムが唱えられています。

ロゴス

［超訳］論理的な言葉

《用 例》
政治家はその場しのぎのいいわけばかりで、**ロゴス**が欠けていると思う。

ロゴスの語源は、「拾い集める」という意味の語に求めることができます。そこから言葉、秩序、論理、理性といった多様な意味をもつ語として用いられるようになります。つまりバラバラのものを秩序だって集めるというニュアンスです。それは論理を構築することにほかなりません。

その意味でロゴスは、基本的には論理的な言葉を意味しているのです。古代ギリシアにおいては、このロゴスに高い価値が置かれました。言葉や理性による哲学が発展したのもうなずけます。

ロゴスを最初に哲学用語として用いた**ヘラクレイトス**は、万物の根拠はロゴス

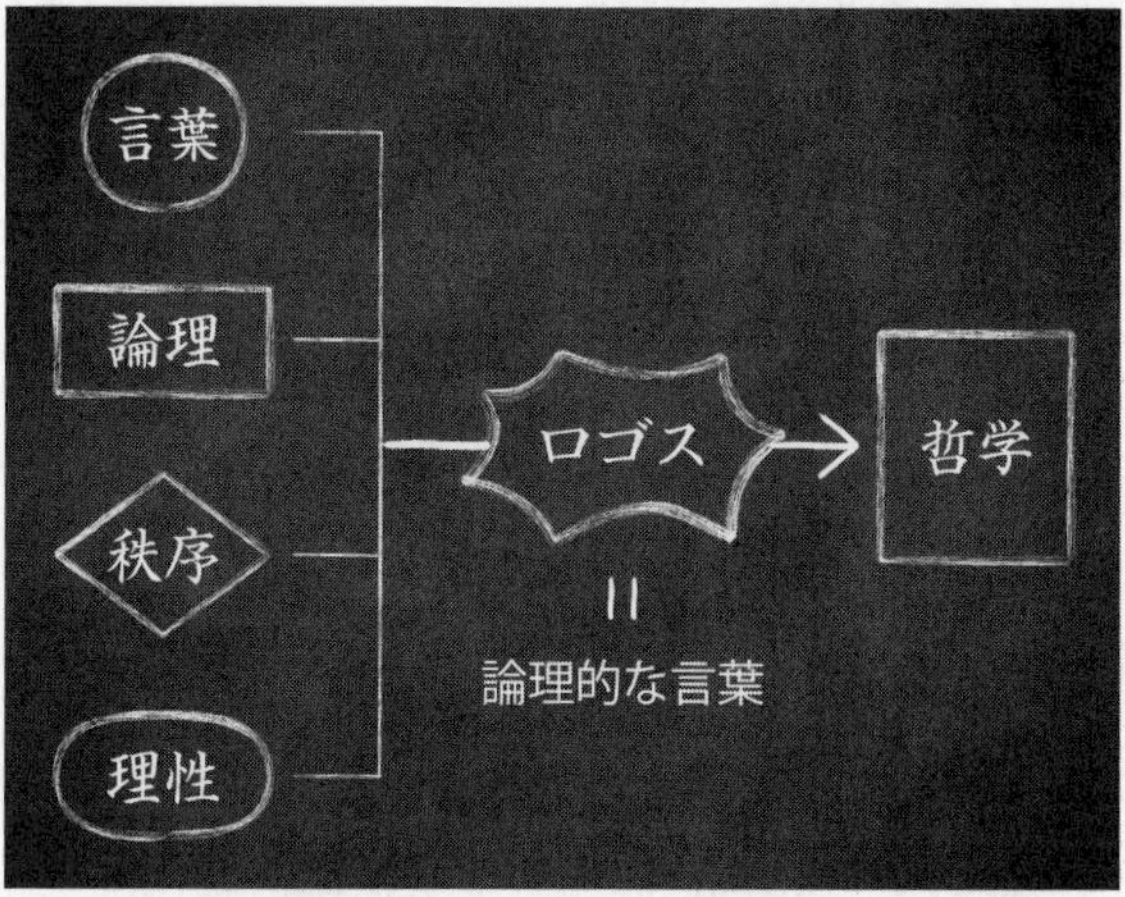

にあるといいました。バラバラのものを、秩序としてのロゴスのもとに結びつけることこそが知だというのです。**ストア派**（一〇二ページ参照）はそれを受けて、ロゴスを万物の根拠どころか宇宙生成の原理にまで高めたのです。

こうしてロゴスは、西洋近代の哲学を象徴する概念として近代まで受け継がれていきます。フランスの現代思想家デリダ（二八三ページ参照）が後に西洋近代の哲学をロゴス中心主義であるとして批判したのはそのためです。

ヘラクレイトス（前500頃）。初期ギリシアの哲学者。ロゴスを自らの哲学の核心にすえた。「万物は流転する」という表現で有名。

パトス

［超訳］心の動揺

《用例》
パトスを克服しない限り、死に対する不安は払しょくされないと思うよ。

パトスとは、もともと不幸や苦しみを意味する語です。つまり「受難」です。受難は身体の苦痛を通じてもたらされるものです。ゼノンを創始者とし、禁欲を追求する**ストア派**（一〇二ページ参照）が、これに情念を含めた意味を加え、不安や怒りのような心の動揺を表すようになりました。

したがって、ここでいう不安や怒りも、主に外界の刺激を身体が受容することによって、内面に生じる心の動揺を指しています。

ここからもわかるように、パトスは感情の原理であって、知性の原理である**ロゴス**（一六六ページ参照）に対するものであるということができます。

第四章

入試問題でも見かける漢字系の用語

上部構造／下部構造

［超訳］社会制度／経済活動

上部構造、下部構造というのは、マルクスが分析する社会の構造です。彼は下部構造が上部構造を規定すると主張します。つまりマルクスは、人間の思想や法、政治の制度などといった「上部構造」は、生産手段や生産活動といった「下部構造」によって決まってくると考えたのです。

経済活動が「土台」となって、それによってすべての社会制度の中身が決まってくるというわけです。たとえば自由主義国家における社会制度は、資本主義という生産様式によって規定されるとします。それまでの哲学者たちが、思想や観念こそ経済のあり方を決定すると考えてきたのとは正反対の発想だといえます。

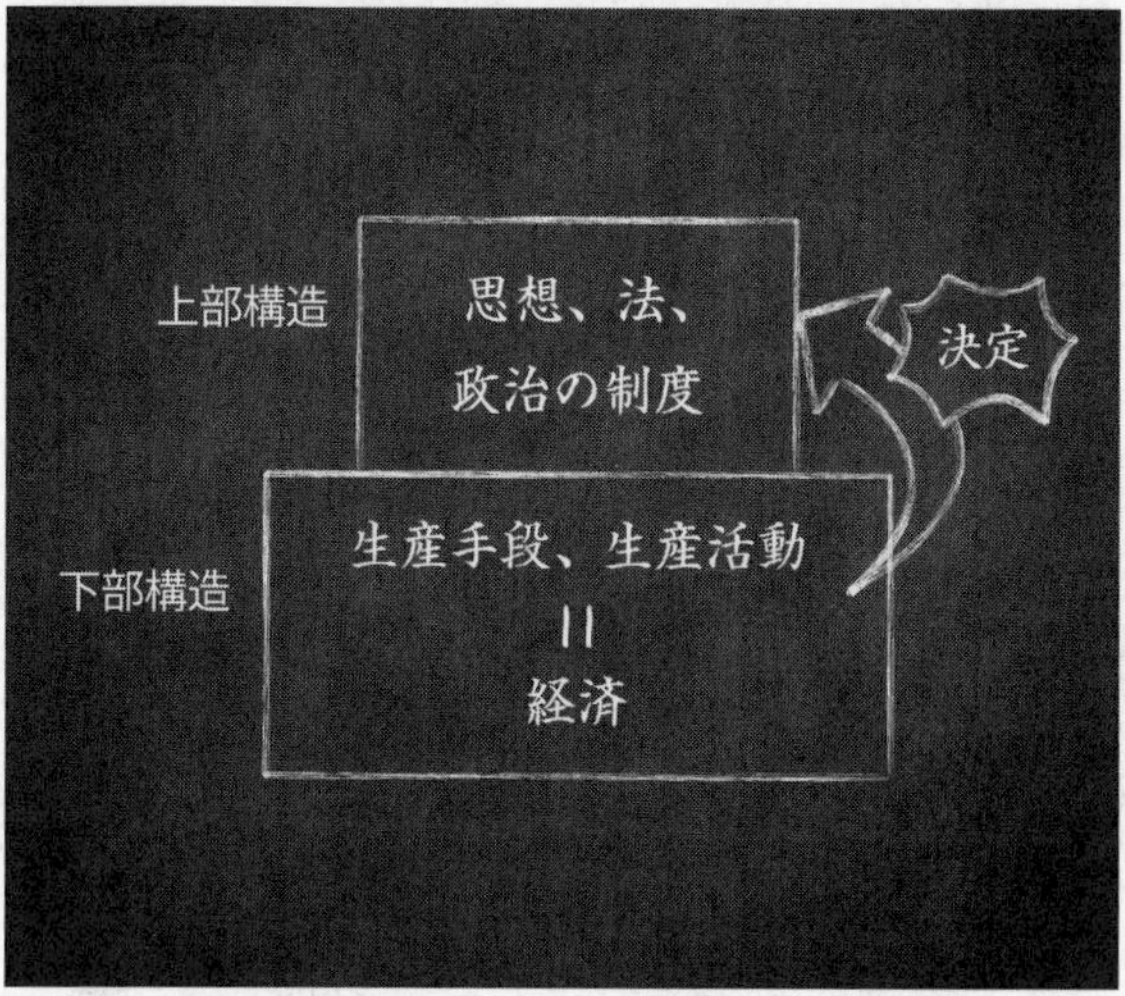

こうしてマルクスは、生産力の向上により下部構造が発展すると、やがて革命が起き、上部構造も変化すると考えました。このようなメカニズムによって、歴史は進展していくというのです。これが**唯物史観**（一七二ページ参照）と呼ばれる彼の独特の歴史観です。

具体的には、原始共産制から奴隷制へ、奴隷制から封建制へ、封建制から資本主義へ、そして最後は資本主義から社会主義、共産主義に至ると主張しました。

唯物史観(史的唯物論)

[超訳] 経済が歴史を動かすとする説

《用例》
「政治も思想も法律も、結局はその時代の経済次第で決まってきたんだ」なんて、君は**唯物史観**に立っているわけだね。

マルクスと**エンゲルス**による独自の社会観あるいは歴史観のことをいいます。彼らは、社会や歴史の基礎をなすものとして、物質的生産活動を位置づけます。そのうえに法律や政治といった制度が成立していると考えます。

したがって、生産力が生産性の向上によって生産関係にそぐわなくなった時、その矛盾を原動力として、歴史も次の段階へと進展すると考えたのです。具体的には、原始共産制、奴隷制、封建制、資本主義、社会主義、共産主義と展開していきます。たとえば、封建制から資本主義制への移行は、工場での生産によって資本の蓄積が生じたことによって起こったものです。そして資本主義は様々な矛

盾を抱え始めます。
　その意味で、マルクスらによると、矛盾にあふれた資本主義は革命によって壊され、生産力に応じた社会へと移行していかざるを得ないのです。つまり次にくるのは、もはや能力に応じて働き、働きに応じて分配するという社会主義、あるいは能力に応じて働き、必要に応じて分配を受けるという共産主義にほかならないというわけです。

フリードリヒ・エンゲルス（1820 － 1895）。ドイツの思想家。思想的にも経済的にもマルクスを支援し、マルクス主義の確立に貢献した。著書に『反デューリング論』などがある。

構造主義

［超訳］何でも仕組みで考える立場

《用例》
木を見て森を見ずというが、物事は全体の構造に目を向けることではじめて理解できるものだ。今後ますますそういった**構造主義**的な視点が求められる。

構造主義というのは、物事や現象の全体構造に目を向けることで、本質を探ろうとする思想です。一九六〇年代、文化人類学者のレヴィ＝ストロースによって広められました。レヴィ＝ストロースの基本的な発想は、現象の部分に理由を求めるのを止め、全体を構造として見ようとするものです。

構造に目を向けた結果判明した事実として最も有名なのが、交叉《こうさ》イトコ婚の例です。未開の部族などに見られる、男性とその母方の交叉イトコの女性を結婚させる風習のことです。

このような風習はいかにも未開な社会ならではのように思われていたのです

が、レヴィ＝ストロースは、このシステムの全体構造に目をやることで、ある発見をしました。それは、男系家族の男子にとって、母方の叔父の娘は別の家族集団に属している点です。ということは、この関係にある男女が結婚する仕組みにしておけば、常に異なる家族集団間で人の交換が行われ、部族の存続を図れるというわけです。

つまり、未開だと思われた風習は、全体構造を見てみると、意外にも高度なシステムを形成していたのです。このように、構造主義は物の見方であり、思考の方法論であるといえます。レヴィ＝ストロースは、構造主義の立場から、従来の偏った欧米中心主義を批判していきます。

実存主義

[超訳] 自分で人生を切り開く生き方

《用例》
人生は人任せにしていては前に進めない。自分で道を切り開いていくしかない。特に今のような混迷の時代には、そういう**実存主義**的な態度が求められる。

実存主義のはしりは、「主体性が真理である」として、ほかでもない「この私」が人生を作り上げていくと主張した**キルケゴール**の思想だといえます。ほかにも実存主義は色々な人が唱えていますが、共通していえることは、自分で人生を切り開く生き方を唱えている点です。ここではその典型ともいえるサルトルの思想を用いて説明したいと思います。

サルトルによると、人間とはすでにある何らかの本質に支配された存在では決してなく、自分自身で切り開いていくべき実存的存在にほかならないということになります。彼はこれを「実存は本質に先立つ」と表現しました。実存というのは存在のことで、本質というのはあらかじめ決められた運命みたいなものです。

サルトルはそれをペーパー・ナイフを例に説明しています。ペーパー・ナイフは、ある仕方でつくられる物体であると同時に、一方では一定の用途をもっています。だからこの場合、ペーパー・ナイフの本質は実存に先立っているのです。存在が限定されているといってもいいでしょう。

ですから、ペーパー・ナイフのような作り方や用途のあらかじめ決まった存在は、本質が実存に先立っているのです。しかし、人間の場合は、「実存が本質に先立つ」というわけです。人間は最初は何でもない存在ですが、後になってはじめて人間になります。しかも自ら作ったところのものになるというのです。

サルトルはこの状態を「人間は自由の刑に処せられている」と表現しました。これは常に自由に何かを選択することなしには、一歩も前に進むことのできない人間の生を表現したものです。たしかに「何をしてもいい」といわれると、人は戸惑うものです。ただ、同時にこの言葉は、私たちが無数の選択肢の中から、その都度自由に選択して人生を歩んでいるという、誇らしい事実を認識させてくれるものでもあります。

セーレン・キルケゴール（1813－1855)。デンマークの哲学者。絶望や不安を乗り越えるための思想を説く。実存主義のはしり。著書に『あれかこれか』、『死に至る病』などがある。

功利主義

［超訳］行動原理として快楽や幸福を重視する立場

《用例》
「多くの人のために、ホームレスを公園から締め出して、シェルターに閉じ込めるべきだ」なんて、君は根っからの**功利主義**者だね。

功利主義を唱えたのは、イギリスの思想家**ジェレミー・ベンサム**です。功利主義とは、行為の善悪の判断を、その行為が快楽や幸福をもたらすか否かに求める倫理観のことです。

この原理を社会に適用すると、社会の幸福とは一人ひとりの幸福を足し合わせたものだということになります。それが「最大多数の最大幸福」という有名なスローガンによって表現されている内容です。

このスローガンによると、社会の利益を最大化するためには、少数者の幸福よりも、多数者の幸福を増大させるほうが望ましいということになります。また、

ジェレミー・ベンサム（1748－1832）。イギリスの思想家。「最大多数の最大幸福」で有名な功利主義の始祖。著書に『政府論断片』、『道徳および立法の諸原理序説』などがある。

同じ多数者の幸福でも、小さな幸福より大きな幸福を増大させるほうが望ましいというわけです。

不幸になる少数の人のことはおかまいなしです。一見ひどい発想のようですが、実は私たちの社会はこの功利主義に基づいて設計されています。たとえば、交通事故による死傷者が出るのをわかっていながら、便利さを優先して車社会を続けているのですから。

このように、とにかく幸福の量だけを重視するベンサムの立場に対しては、高貴な快楽も下賤な快楽も区別しない豚向きの学説などといった批判がなされます。そこでイギリスの政治経済学者**J・S・ミル**は、ベンサムとは異なり、快楽の「質」に着目しました。

これだと、人間の個性に配慮しつつ、功利主義のメリットを生かすことができるというのです。功利主義はもはや豚用の学説ではなくなります。実際ミルは、「満足した豚であるよりも、不満足な人間であるほうがよく、満足したバカであるより、不満足なソクラテスであるほうがよい」といっています。ミルの功利主義に従うなら、量は少なくとも、質さえよければ幸福だといえるわけです。

ジョン・スチュアート・ミル（1806 – 1873）。イギリスの哲学者・経済学者。功利主義において幸福の質を重視するよう訴えた。著書に『自由論』、『功利主義論』などがある。

啓蒙主義

［超訳］人間の能力を万能であると考える立場

《用例》そんなに人間が何でもかんでもできると考えるなんて、君は**啓蒙主義**者だね。

そもそも啓蒙という言葉自体は、人間の能力、とりわけ理性によってすべてをとらえようとすることを意味しています。したがって、啓蒙主義とは、人間の能力を万能と考える立場といえます。

近代以前の社会では、キリスト教会の力が強く、正しい知識やそれに基づく人を支配するための能力は、神の啓示によって与えられると考えられてきました。王による支配も「王権神授説」といって、神によって与えられた絶対的な権利であるとされていたのです。

しかしその不合理な発想ゆえに、教会や専制国家による圧政を許すことになり

ヴォルテール（1694－1778）。フランスの哲学者。本名はフランソワ＝マリー・アルエ。反権力の立場から、啓蒙思想の普及に努めた。著書に『カンディード』、『寛容論』などがある。

ます。ここに人間の能力の万能性を称える啓蒙主義が登場してきた理由がありま す。人間は自ら正しい知識をもつことができ、それによって自らを統治すること ができると主張するに至るのです。

啓蒙主義が最も花開いたのは、十八世紀のヨーロッパでした。その発祥の地は イギリスです。ロックに代表される啓蒙思想家たちが、専制国家や教会の支配か ら脱して、自ら統治しようとする市民社会の形成に理論的基礎を与えました。

そんな啓蒙主義が幅広く展開したのがフランスです。フランスでは、**ヴォルテ ール**や**モンテスキュー**、ルソーといった啓蒙思想家たちが活躍しました。モンテ スキューの「制限君主制」やルソーの「人民主権」などです。これらに共通する のは、宗教の不寛容さへの抵抗と、絶対王政への抵抗であるといえます。こうし た彼らの抵抗が、後にフランス革命へと結実していったのです。

日本でも明治に入ると、啓蒙主義が紹介されます。その代表格が福沢諭吉で す。人々が封建的な江戸時代の精神から脱却し、新しい価値観を築く上で、福沢 の啓蒙思想が大きな影響を与えたことは間違いありません。

シャルル=ルイ・ド・モンテスキュー （1689 － 1755）。フランスの啓蒙思想家。三権分立論で有名。著書に『法の精神』、『ローマの隆盛と衰退の原因についての考察』などがある。

形而上学

［超訳］自然の原理を度外視して考える学問

《用例》 あらゆる物事は**形而上学**的視点から議論することができるが、そのぶん抽象的な議論になってしまう。

形而上学《けいじじょうがく》の原語は「メタフィジカ」です。これは自然学（フィジカ）の後（メタ）という意味です。もともとはアリストテレスの講義録を編纂《へんさん》する過程で生まれた用語だといわれます。つまり、自然についての書物の後に、それ以外の存在をめぐる一連の講義録を位置づけたため、こう呼ばれるようになったのです。アリストテレスの哲学では、存在をテーマにした学問が「第一哲学」であるとされています。

このアリストテレスの「第一哲学」を、超自然的なものを説明するためのベースにしたのが、中世のキリスト教会でした。彼らのおかげで、メタフィジカの**メ**

タ（一五六ページ参照）は、「超える」というニュアンスが強くなります。それに伴って、メタフィジカも「超自然学」という意味をもつようになるのです。

超自然的原理に基づいて自然を分析しようとするのがメタフィジカ、つまり形而上学の意味になるのです。いわば自然の原理など度外視して、抽象的にかつ本質的に物事を考えるということです。それゆえ、形而上学はしばしば哲学と同じ意味に用いられることがあります。たとえば、宇宙の始まりについて、自然の原理を用いて分析するのではなく、神の意志や人間の精神から論じようとするのが形而上学です。

啓蒙主義（一八〇ページ参照）の時代を経て近代に入り、やがて人々が実証的な思考を求めるようになる（**実証主義**。一八四ページ参照）と、超自然的な思考を求める形而上学は役に立たないものの代名詞になっていきます。

ちなみに、形而上の反対語は「形而下」です。形而上が精神的なものを意味するのに対して、形而下は物質的なものを意味しています。

実証主義

[超訳] 科学的に実証できる知識だけが正しいとする立場

《用例》
そこまで科学的根拠にこだわるということは、君は**実証主義**に立つわけだね。

実証主義とは、知識の形態として科学的知識のみを認めようとする立場をいいます。十七世紀の科学革命以降、科学に対する信憑性が高まってきたことに影響を受けています。したがって、実証主義の目的は、それ以前に支配的であった経験に基づかない**形而上学**（一八二ページ参照）の伝統を排除することでした。

実際には、十九世紀に社会学者の**コント**が体系づけることになります。彼は実証主義の内容を六つに分けて説明しています。それは現実的であること、有用であること、確実であること、正確であること、組織的であること、相対的であることです。

知識は経験に基づく現実的なものでなければなりませんし、またそれゆえに有用である必要があります。そのためには確実性や正確性が求められます。組織的というのは、形而上学のように、主観的な考察結果と客観的な考察結果を別のものとしてバラバラにとらえるのではなく、人間存在を一つの組織として一体にとらえるということです。さらに相対的というのは、形而上学の位置づけを絶対視するのではなく、それも一つの物の見方として相対化しようとするものです。

こうして体系化された実証主義の立場は、後の時代の様々な分野に引き継がれていくことになります。

オーギュスト・コント（1798 − 1857）。フランスの社会学者。社会学を創設した。秩序と進歩を掲げて実証主義哲学を唱える。著書に『実証哲学講義』、『実証精神論』などがある。

反証可能性

〔超訳〕嘘が証明できる可能性

《用例》
君がその説を科学だと主張するからには、**反証可能性**が求められるよ。

反証可能性とは、**ポパー**が提唱した概念で、嘘であることが実験や観察によって証明される可能性のことをいいます。彼は、論理というものは、嘘であることを証明する道がある時にのみ科学的といえるとします。

つまり、一般的には科学とは客観性をもつものというイメージが強いと思いますが、ポパーにいわせると、あらかじめ客観性をもった科学など存在しないわけです。私たちが科学だと思っているものは、今のところまだ反証されていない仮説を意味するにすぎません。したがって、どうしたら反証できるのかをしっかりと示したものこそが、本当に意味のある科学だというわけです。

それが嘘かどうかもわからないような話は、非科学的なのです。たとえば、「世界は神が作った」という主張が嘘であることを、実験や観察によって証明するのは不可能です。したがって、この主張は反証不可能ということになります。つまり科学とはいえないわけです。

逆に、論理的に実験や観察によって矛盾する事柄を提示できる時、その論理は反証可能であるといえます。たとえば、「地球は丸い」という時、「地球は四角い」とも考えられるので、反証可能だということになります。

カール・ライムント・ポパー（1902 ― 1994）。イギリスの哲学者。批判的合理主義で知られる。全体主義を批判。著書に『開かれた社会とその敵』、『科学的発見の論理』などがある。

観念論

［超訳］世界は私たちが頭の中で作り上げたものだとする考え方

《用例》世の中の現象をすべて頭で理解できると思ったら大間違いだよ。それは**観念論**的な頭でっかちの発想だと思う。

一般に観念論というのは、物事の存在が私たちの主観、つまり認識に基づくものであるという考え方です。「我思う、ゆえに我あり」といって、人間の意識を世界の中心に据えたデカルトの思想に端を発するものです。この考えによると、世界は私たちが頭の中で作り上げたものにすぎないということになります。

観念論を徹底すると、世の中の存在はすべて観念の集合体であるということになります。そうすると、すべては人間が作り上げたものなのですから、人間に理解できないものなどないという話になります。ところが、実際にはそんなことはありません。そこで唱えられるのが、**実在**論（二三四ページ参照）です。

ヨハン・ゴットリープ・フィヒテ（1762 ― 1814）。ドイツの哲学者。ドイツ観念論に分類される。知識学を構築した。著書に『全知識学の基礎』、『ドイツ国民に告ぐ』などがある。

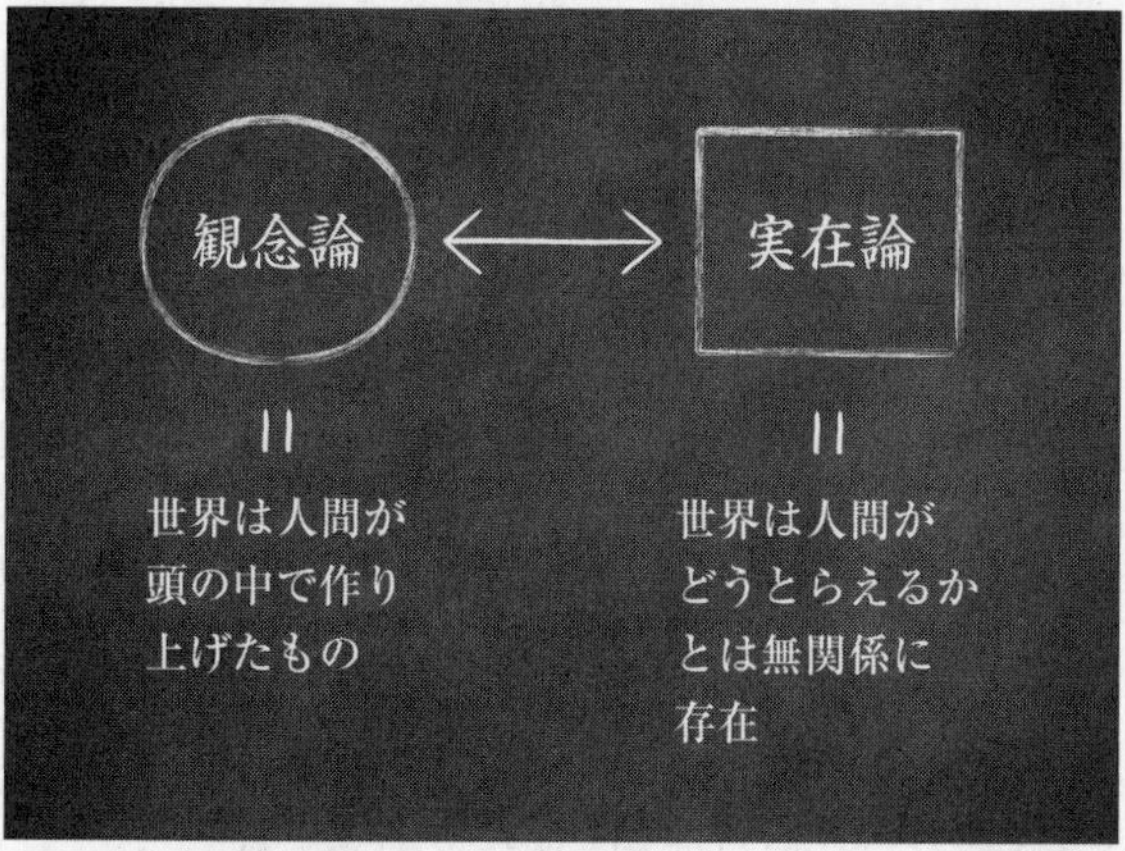
観念論
実在論
＝
世界は人間が
頭の中で作り
上げたもの
＝
世界は人間が
どうとらえるか
とは無関係に
存在

実在論は、物事の存在と、それを私たちがどう認識するかという問題を分けて考えようとします。つまり、世界は私たちがどうとらえるかなんてこととは無関係に存在するというわけです。

ちなみに、哲学の世界には「ドイツ観念論」という有名な立場があります。これは十八世紀後半から十九世紀初めにかけて、ドイツで隆盛を誇った思想の一派を指しています。特に、カントの影響を受けた、**フィヒテ**、**シェリング**、ヘーゲルの思想をいいます。彼らに共通するのは、やはり物事の存在が人間の主観、とりわけ理性によってとらえられるとする点です。

フリードリヒ・シェリング（1775 － 1854）。ドイツの哲学者。ドイツ観念論に分類される。独自の自然哲学を展開。著書に『哲学的経験論の叙述』、『人間的自由の本質』などがある。

合理論

［超訳］理性にしたがって考えれば何でも理解できるとする立場

《用例》君はそうやって何でも頭で考えればわかると主張するからには、**合理論**の立場をとるんだね。

合理論とは合理主義ともいうのですが、日常、合理主義という言葉は、何でも合理的に考えればよいという効率一辺倒の思考を指しています。しかし、哲学でいう合理主義は、理性にしたがって、根拠に基づいた思考あるいは行動をとることを意味します。合理主義の英訳である「ラショナリズム」という語は、理性を意味する「ラチオ」というラテン語に由来しているのです。

合理論は、フランスのデカルトに始まり主にヨーロッパ大陸で発展したことから、「大陸合理論」と呼ばれることもあります。その後はオランダの哲学者スピノザ（二〇一ページ参照）や、ドイツの哲学者ライプニッツ（二二五ページ参照）

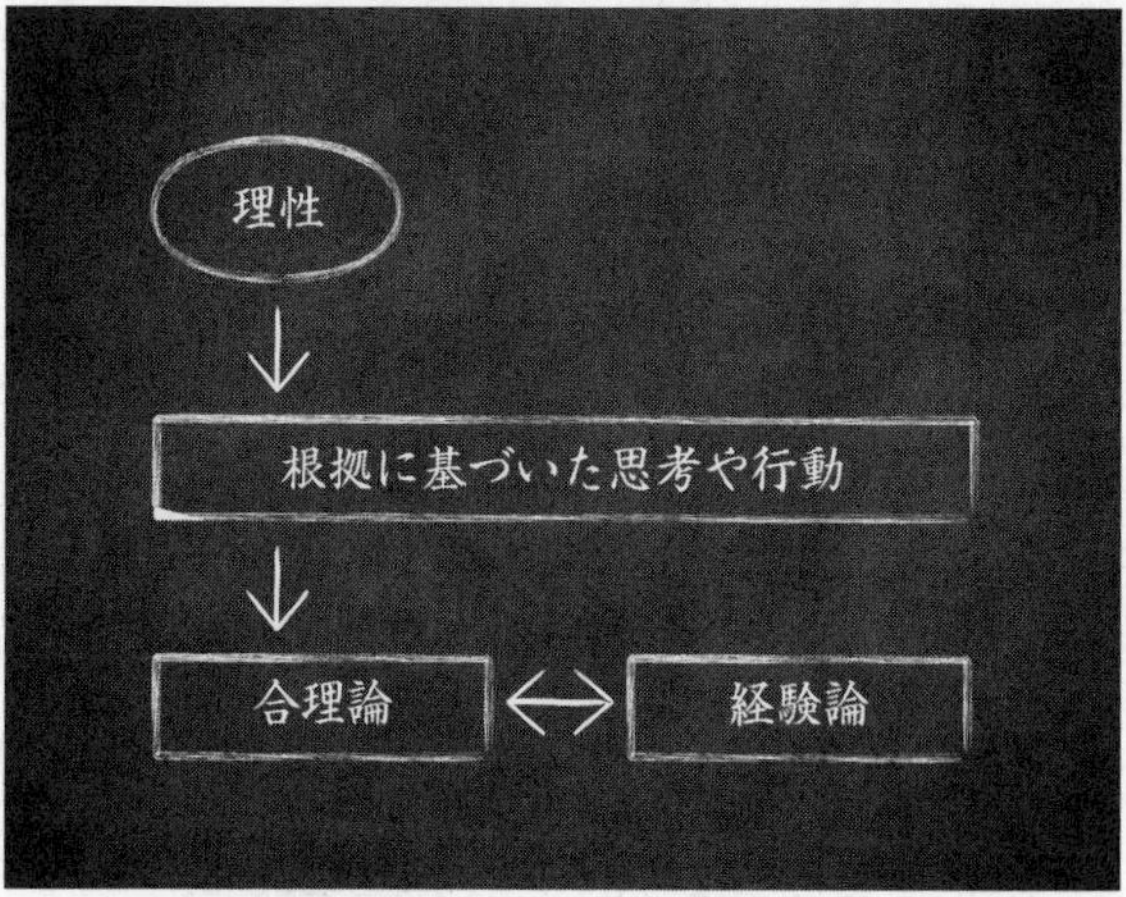

らによって継承されていきます。

合理論という語が認知されるようになったのは、十六世紀に**経験論**（一九四ページ参照）との対立が明確になってからです。経験論とは、人間が物事を理解するためには経験が必要だとする立場です。これに対して合理論は、そのような経験を経ずとも、人間には先天的に思考によって物事を認識する能力が備わっていると考えます。

つまり、理性によってきちんと順を追って思考すれば、何もかも理解できるはずだというのです。

生得観念

［超訳］生まれつき備わっている知識

《用例》**生得観念**の存在を信じるかどうかによって、教育の仕方は変わってくると思う。

生得観念《せいとくかんねん》とは、人間に生まれつき備わっている知識のことです。特に有名なのは、デカルトに始まる**合理論**（一九〇ページ参照）と、ロックに始まる**経験論**（一九四ページ参照）の対立の中で取り上げられている議論です。

つまりデカルトは、人間にはある種の知識が生まれつき備わっていると考えました。それによって人は自然に関する原理をも見出すことができるとします。ただ、その原理が正しいものかどうかという根拠については、神の存在に求めました。神という究極の根拠が、人間に正しく判断する能力を与えたのだから、あらかじめ人間に備わった知識は常に正しいというわけです。

これに対して異議を唱えたのが経験論者のロックでした。彼は経験こそが心に知を刻み込むのだと主張しました。いわば心の白紙に経験したことを書き込んでいくことで、人ははじめて知識を得ることができると考えるわけです。こうして生得観念の存在を否定したのです。

経験論

［超訳］経験がすべてだとする考え

《用例》
頭で考えればわかりきったことなのに、なんでも経験がすべてだなんて、君は根っからの**経験論**者だね。

早くから近代革命を成し遂げ、現実の社会と格闘せざるを得なかったイギリスでは、人間は経験によってはじめて世界を認識できるのだという考えが広まりました。こうした考え方を経験論あるいは経験主義といいます。また大陸**合理論**（一九〇ページ参照）と比較して、イギリス経験論と呼ばれることもあります。その祖がフランシス・ベーコンです。彼は、経験的観察によって具体的事例を収集し、それらを踏まえて自然一般を解釈していきました。

彼の有名な言葉に「知は力なり」というのがあります。これは、観察によって自然を知ることが自然の克服につながり、結果、人間の生活を発展させるという

ジョージ・バークリ（1685 − 1753）。アイルランドの哲学者・聖職者。物質の客観性を否定し、知覚に基づく独自の観念論を唱える。著書に『人知原理論』、『視覚新論』などがある。

意味です。このようにして経験を積み重ねることで、人間の観念も形成されていくというわけです。

これを受けて経験論を確立したのが、イギリスの哲学者ロックです。彼はデカルトのいう生まれもって備えている観念（＝**生得観念**／一九二ページ参照）を否定し、人の心は**タブラ・ラサ**（＝白紙の心／一四四ページ参照）であって、そこに経験が書き込まれることによって観念が形成されていくのだとしました。

こうして人間の知の対象は、感覚が得たものと、それを考察した結果与えられる観念にあるという主張がなされるようになります。

この後、「存在することとは知覚することである」と唱える**バークリ**や、さらに徹底して、すべての存在物を「知覚の束」にすぎないとまで表現する**ヒューム**らが経験論を引き継ぎました。

デイヴィッド・ヒューム（1711－1776）。スコットランド出身の哲学者。経験論を推し進め、懐疑論を唱える。「知覚の束」という表現で有名。著書に『人間本性論』、『道徳原理の探究』などがある。

超越論的

［超訳］経験を越えて物事を認識するためのもの

《用例》
人間にとって経験できないような、たとえば神様を認識できるかどうかといったたぐいの問題は、**超越論的**に考察する必要がある。

人間が経験することができる領域を超え出た認識を「超越的」といいます。世界の始まりや神の存在などがこれに当たります。しかし、そうした超越的認識にも限界があるはずです。

カントは、そのような人間の認識の限界を画して、人間が経験なくして物事を認識し得る可能性の条件を明らかにしようとしました。つまり人間は、どういう条件のもとであれば、経験を経ずに物事を認識することができるのかを問うたのです。

この点カントは、経験なくして物事を認識できる事態を**アプリオリ**（一二六ページ参照）と呼んでいます。したがって、いかにしてアプリオリに認識することが可能なのかを問うことが、「超越論的」の意味するところなのです。カントの哲学を超越論哲学というのはそのためです。

いわば超越論的というのは、人間が物事を認識するための方法論の話なのです。その方法論を考えるのがカントの哲学だというわけです。

これに対して、**フッサール**は超越論的という言葉に別の意味を与えます。彼は対象を単に認識するのではなく、哲学的に認識する態度のことを超越論的と表現しました。

エトムント・フッサール（1859－1938)。オーストリア出身の哲学者。意識の現象をありのままに記述する現象学の創始者。著書に『厳密な学としての哲学』、『イデーン』などがある。

認識論

［超訳］人間の知の可能性を探る営み

《用例》
超能力を信じるかって？　それは人間の知の可能性という意味で、**認識論**の問題として考えることができると思うよ。

認識論とは、人間の認識の性質や限界を探る営みのことです。いわば人間の知の可能性を探る営みにほかなりません。ソクラテスの「無知の知」に象徴されるように、古代ギリシアの時代から、人間の知をめぐっては様々な考察がなされてきました。

しかし、明確な形で人間の認識の性質が問われ始めたのは、デカルトに始まる**合理論**（一九〇ページ参照）と、ロックによって確立された**経験論**（一九四ページ参照）の対立の中においてです。つまり、彼らは人間は生まれもって知をもちうるかどうか議論を展開したのです。

合理論は、人間には生まれもった**生得観念**（一九二ページ参照）が存在すると主張するのに対して、経験論はそのようなものは存在しないといいます。観念は経験を通じて心の中に書き込まれていくとするのです。

他方カントは、人間はどこまで知ることができるかという形で、知の限界を探ろうとしました。彼は現象と「物自体」を区別しました。現象は私たちが経験によって知ることのできるものです。

しかし、その経験を可能にしている前提は、私たちが知ることのできないものだというのです。これが「物自体」です。同時にそれは、私たちの知の限界であるということができます。

汎神論

［超訳］すべてのものに神が宿っているとする考え方

《用例》日本にはあらゆるものに神が宿っているとする八百万の神という発想があるけれど、これは西洋の**汎神論**に似ているね。

汎神論《はんしんろん》とは、すべてのものに神が宿っているとする考え方です。つまり、この宇宙のすべてが神だと考えるのです。このような思想は古代から存在していたのですが、一神教であるキリスト教からはずっと異端扱いされてきました。

近代の汎神論者として有名なのは**スピノザ**です。彼は神を自然と同様必然的な存在としてとらえました。自然の法則は、人間の目的によって左右されるようなことはありません。人間の生活から何ら影響を受けることなく、常に私たちの周りに存在しています。その意味で、必然なのです。

スピノザは、神の存在もそれと同じだと主張したのです。したがって、汎神論

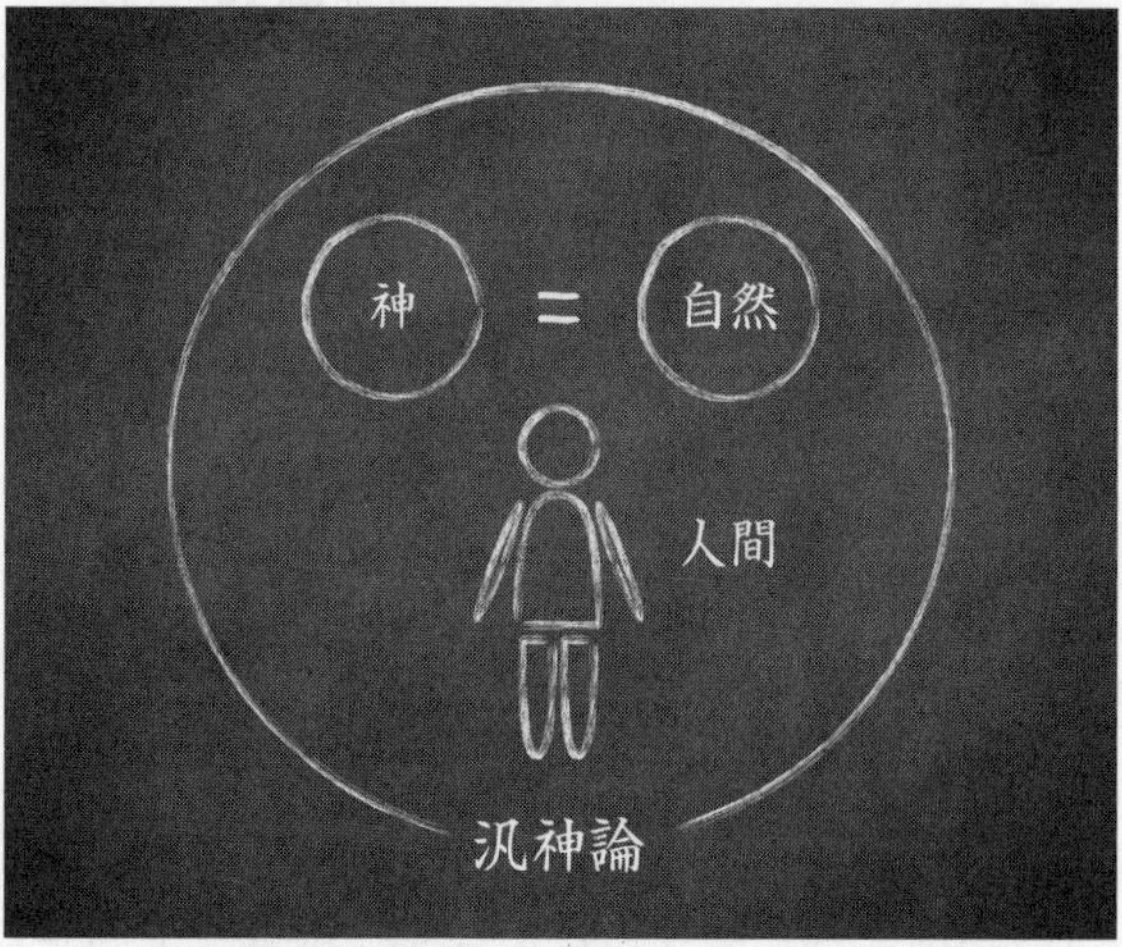

によると、神と自然は同じものを別の側面から見たものだということもできます。

その後この思想は、十八世紀後半から十九世紀初めに隆盛を誇ったドイツ**観念論**（一八八ページ参照）に強い影響を及ぼします。彼らは、神との関係で**自我**（六二ページ参照）をどう位置づけるべきかという問題について、議論を展開したからです。

バールーフ・デ・スピノザ（1632 − 1677）。オランダの哲学者。大陸合理論に分類される。汎神論を唱えた。著書に『エチカ』、『神学・政治論』などがある。

集合的無意識

[超訳] 人間が共通にもつ無意識のイメージ

《用例》
集合的無意識の存在を認めるかどうかで、精神の病の治療法は変わってくると思うよ。

集合的無意識とは、個人的な経験を越えた集団に共通する無意識のことです。ユングによる分析心理学の概念です。精神分析学の父フロイトは、無意識の行為が、個人の経験や記憶に由来すると主張しました。いわば個人的無意識の存在を発見したのです。それに対して、当時弟子であったユングは、個人的無意識の奥底に、集合的無意識が横たわっていると主張しました。

というのも、まったく離れた地域にある別々の文化が同じような神話を共有していたり、分裂病の患者が経験しようのないイメージを抱いていることがあるからです。ユングによると、これらは、何らかの集合的な無意識が存在し、それを

共有していることによると考えるわけです。

こうした集合的無意識の内容は「元型《げんけい》」と呼ばれます。元型とは、人間が共通にもつ精神の型、秩序のようなものです。これが意識に現れる時、圧倒的な影響力を及ぼすことになるのです。

即自／対自／即自かつ対自

［超訳］ そのままの／それに対抗する／完全な

《用例》 努力する前の自分が**即自**で、努力し始めた自分が**対自**だとすると、努力が実って成長した自分が**即自かつ対自**だといえる。

古代ギリシア以来、単に物事の存在を示すための言葉であったこれらの用語に、特別な意味を与えたのはヘーゲルです。これらは物事が発展する際のプロセスを表現しています。つまり、即自とは物事の元の状態、そのままの状態を指します。

これに対して、対自とはその物事がそのままの状態から別の形に変わる様を指しています。あらゆる物事は、永遠不変の存在ではなく、必ず変化します。その時、矛盾を内に抱え、むしろその矛盾を原動力として変化していくのです。対自はその矛盾を表しています。いわば、元の状態に対抗するという意味です。

そして、即自かつ対自とは、物事が最初の段階から対立を経て、完全な状態に総合される様を表しています。

実はこのプロセスは、ヘーゲルの最も基本的な思考法である**弁証法**（七四ページ参照）のプロセスをそのまま別の形で表現したものにほかなりません。

ちなみに、サルトルも即自、対自という表現を用いていますが、これはヘーゲルのものとは意味が異なります。サルトルは、物事はそのままの状態で存在するので、即自だといいます。ところが、意識は常に自分のほうに向いているので、自己に対してという意味で対自だといいます。

つまり人間は、常に自分の行いを意識している点で物とは異なるのです。そして、自らのあり方を意識するということは、人間が物とは違ってまだ完成しておらず、今後も変化し得る可能性を意味しています。

主知主義／主意主義

【超訳】物事を理解するのに意志を重視しない立場／物事を理解するのに意志を重視する立場

主知主義とは意志に対する知性の優位を主張する立場で、反対に主意主義とは知性に対する意志の優位を主張する立場のことです。もともとこれらの対立は、中世のキリスト教の会派内においてなされたものです。

したがって、この時代の両者の対立は、哲学と神学の優位をめぐる対立に置き換えることもできます。なぜなら、神を理解するのに思考が大事か、精神で感じることが大事かを問うことは、思考を重視する哲学と心で感じることを重視する神学の主導権争いにほかならないからです。

近代に入ると、この両者の対立はもう少し別の様相を帯びます。つまり、主知主義のほうは、意志などといった主観的なものがなくても、物事の認識は可能だと主張します。これに対して、主意主義は、物事を認識する際には、意志に基づいてそれを行わない限り不可能だといいます。

要は、物事を理解するのに主知主義は意志の役割を重視しないのに対して、主意主義のほうは意志の役割を重視するのです。近代の**啓蒙主義**（一八〇ページ参照）の時代には、自由な人間の意志が社会の意味を作り出すという思考形態が主流になることからみても、主意主義が優位な時代であったということができます。

純粋持続

[超訳] 心の中の時間の感覚

《用例》
あれからもう二十年も経ったのに、ここに来ると不思議とあのころの自分に戻ったような気になる。これが**純粋持続**なんだろうか。

純粋持続とは、**ベルクソン**の生命哲学の特徴を示す、時間に関する概念です。通常、時間というものは、線を描いて時系列で量的に測れるものとして把握されます。一時間、二時間というふうに。しかし、ベルクソンにいわせると、そうではなくて、時間はもっと人間の内面にある直観的なものになります。いわば心の中の時間なのです。

別のいい方をすると、時間の瞬間瞬間は別々のものではあるものの、実は自分の中でそれらがつなげられて、一部分が全体を映し出すような形で存在するものだというのです。つまり、時間というのは、メロディと同じで、新たな音がそこに加えられると、全体が変わってしまうのです。

にもかかわらず私たちは、あたかも数字を足すかのように、単にそこに一つ音が加わっただけだとしか認識しません。ベルクソンにいわせると、これは時間を空間と同じようにとらえてしまっているからなのです。空間は測れるものです。一平方メートル追加すれば、それだけ部屋は大きくなります。ところが時間はそうではないのです。

このように時間の観念をとらえ直すと、過去もただ過ぎ去るものではなくなります。記憶は過去の出来事ではなく、それを思い出している時、実は過去が生き直されているのです。その場合、記憶は頭の中に眠っていたものが引き出されるのではなく、過去にそのまま存在しているわけです。

このような時間の概念を前提に、ベルクソンは独自の進化論を展開します。それが「エラン・ヴィタール」と呼ばれるものです。生命の飛躍という意味です。つまり、ベルクソンによると、生命は決して単線的に進化を遂げたのではなく、むしろ多方向に飛躍するように進化してきたと考えるのです。

アンリ・ベルクソン（1859 – 1941）。フランスの哲学者。生命進化の根源的な力として、「エラン・ヴィタール（生命の跳躍）」概念を提起。著書に『時間と自由』、『創造的進化』などがある。

間主観性

[超訳] 自分の認識を他者とぶつけ合うこと

《用例》
人間というのは自分勝手に物事を判断する動物だから、**間主観性**が求められると思う。

間主観性《かんしゅかんせい》とは、複数の主観が交錯することによって、客観的なものが明らかになるとする考え方です。フッサールによって提示された**現象学**（二六四ページ参照）における基本概念です。それ以前は、主観とは個人的なものであると考えられてきました。

しかし、フッサールによると、主観は個人的なものにとどまらないということになります。彼はまず、世界は自分の意識によって描き出されたものだといいます。その場合、誰もが自分勝手に思い描いた世界像をもっていることになるので、それらを他者と共有することが難しくなってしまうのです。

そこでフッサールは、自分の認識というものは、そもそも相手の主観とぶつかり合い、交じり合うことによって、共同で形成されると唱えたのです。いわばお互いの主観をぶつけあって、そこから共通に抱くことのできる客観的な世界を模索しようというわけです。

心術

［超訳］社会における人の態度

《用例》
現代のグローバルな世界に、ヘーゲルのいう**心術**のようなものが貫徹しているとしたら、それはいったい何なんだろう。

心術とはヘーゲルが用いた概念で、簡単にいうと社会における人の態度のことです。ヘーゲルは、あらゆる共同体には、その共同体の類型に応じた人々の心構えのようなものが貫徹しているとしました。具体的には、家族という共同体においては愛が、市民社会という共同体においては誠実さが、国家という共同体においては愛国心が貫徹しているというのです。社会は単に無機質な制度の塊ではなく、人間が作り上げ、人間が活動するための場所にほかならないのです。

このように、社会の制度を人間の精神的なものとセットでとらえようとしたところに、ヘーゲル思想の本質があります。その意味で心術はヘーゲルの思想、とりわけ彼の社会哲学を支える背骨のような役割をはたしているといえます。

表象

［超訳］外に表現された心のイメージ

《用例》
何を描けばいいかわからないという人は、一度心の中の**表象**をそのまま描いてみてはどうだろうか？

表象とは、人間の心に抱かれたイメージであり、かつそれが外に向かって表現された形態のことを指しているといえます。しかし、哲学史の中では様々に解釈されてきました。たとえばアリストテレスは、感覚と思考の間に表象を位置づけています。表象は感覚によって生じるものであり、思考はその表象を元に行うものだからです。あるいはロックは、表象とは知性が抱く対象であるととらえています。その意味では、経験によって人間が抱くとされる観念と同義になります。

さらにカントは、表象という語を多様な意義で使っています。感覚のことを主観に関する表象といい、認識のことを客観的表象としてとらえています。彼にとっては、意識の内容はある意味ですべて表象であるということができます。

仮象

［超訳］思い違い

《用例》
日頃物事の本質だと思い込んでいるものについて、実は単なる**仮象**にすぎないかもしれないと疑ってみるのも大事だ。

仮象とは、現実にあるかのように見えて、実は存在しないもののことをいいます。錯覚や思い違いのことです。カントは、物事を単に主観的にとらえたにすぎない結果を仮象と呼びました。主観的なものを客観的なものであるとみなしてしまう原因は、この仮象にあるとしたのです。

カントによると、仮象には二種類あるといいます。一つは論理的仮象です。これは論理的規則に対する不注意から生まれる思い違いです。したがって、よく注意すれば解消可能だといいます。

厄介なのはもう一つの超越的仮象と呼ばれるものです。こちらは人間の理性の

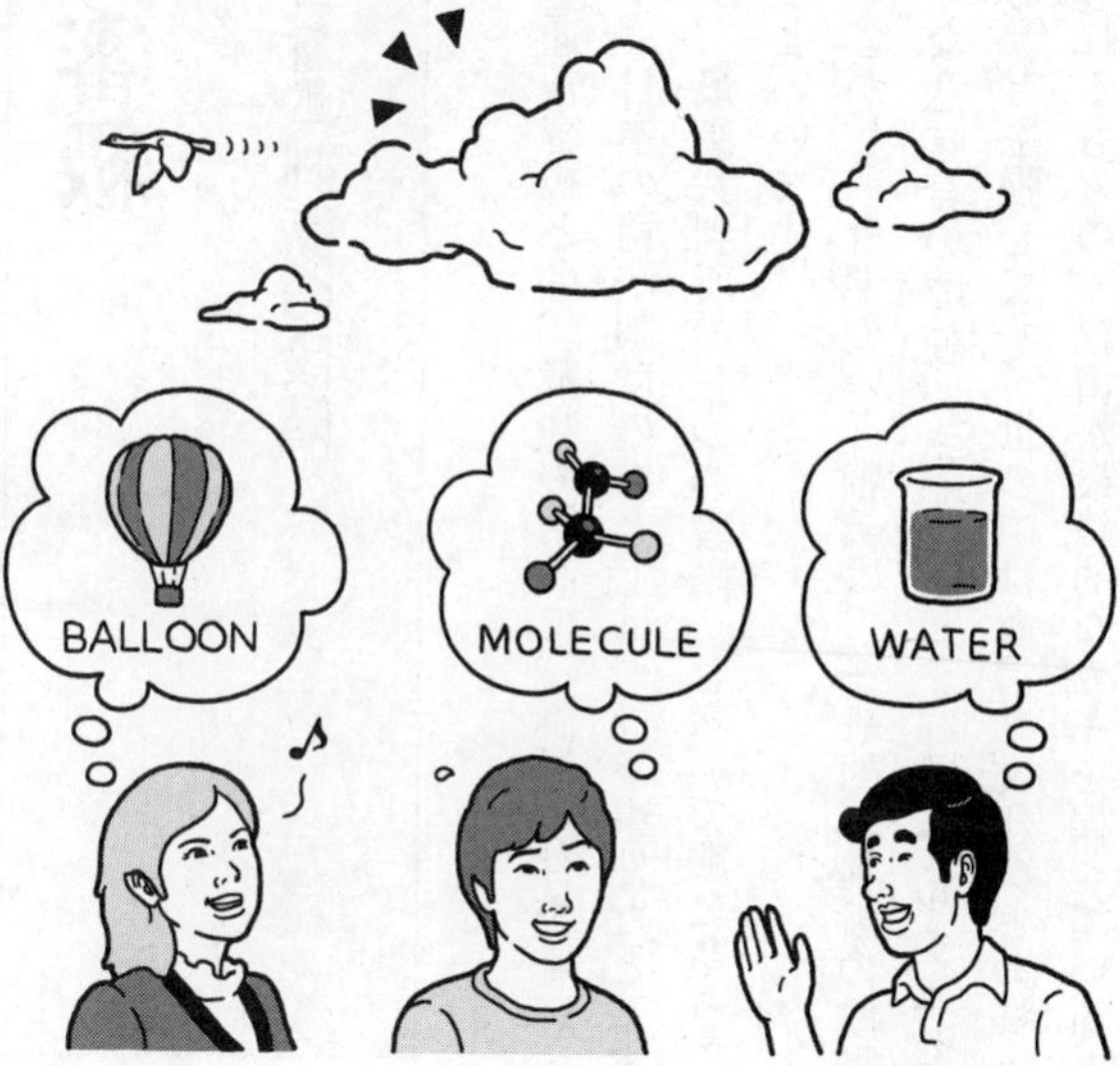

限界に起因するもので、いくら注意しても思い違いを避けることはできないのです。たとえば神の存在証明がこれに当たるといいます。なぜなら、神の存在を証明するのは、人間の理性によっては不可能だからです。したがって、そこでの思い違いは、いくら注意しても避けることができないというわけです。

審級

［超訳］判断の段階

《用例》
まずはどの**審級**における議論なのか、はっきりさせる必要がある。

通常審級とは、裁判の用語で、訴訟事件を審理する裁判の異なる段階を指します。日本の司法制度のもとでは、刑事事件だと基本的に、地方裁判所、高等裁判所、最高裁判所の三つの段階（審級）で順に争うことができます。これを三審制度といいます。

しかし、哲学でいう審級は、一般的に判断の段階、ステージ、レベルというような意味合いで使います。たとえば、**アルチュセール**は「経済が最終審級である」と主張します。世の中は政治や文化などの様々な要素によって重層的に決定されるものの、経済が最終的なカギを握っているという意味です。

ルイ・アルチュセール（1918－1990）。フランスの構造主義的マルクス主義哲学者。イデオロギー装置や重層的決定などの概念を提起。著書に『マルクスのために』、『資本論を読む』などがある。

第五章

日常の用法とはちょっと意味の異なる用語

批判

[超訳] 本質を吟味すること

批判とは、通常、人や物事に対して誤りや欠点を指摘することをいいます。しかし、哲学では異なった意味で使います。つまり、学説の基になっている原理を分析し、その成立条件などを明らかにすることをいうのです。

たとえばカントは、「三批判書」と呼ばれる『純粋理性批判』、『実践理性批判』、『判断力批判』の三つの書を著しています。これらは各々「人間は何を知りうるか」、「人間は何をなしうるか」「人間は何を欲しうるか」を問うものです。つまり人間の本質とは何か、また人間の限界とはどこにあるのかを探究しようとする営みであるといえます。

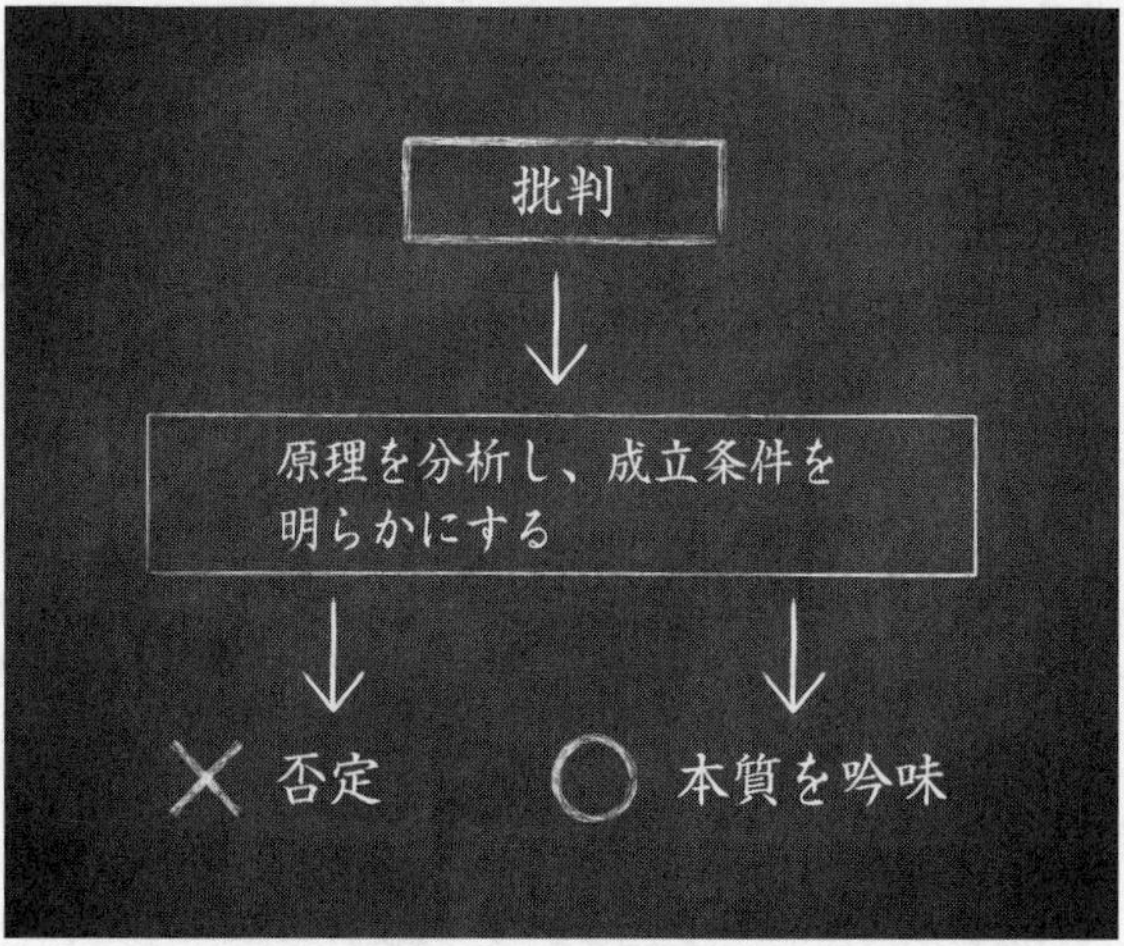

このように批判とは、否定することではなく、本質を吟味することを表しているわけです。

なお、三批判書に代表されるカントの哲学を「批判哲学」ともいいます。批判哲学は、カント以降も受け継がれ、科学とは異なる哲学固有の本質探究行為を重視する立場として、新カント学派という一大潮流を形成しました。

エロス

[超訳] 理想の状態を求める愛

《用例》
本気で恋をしたいなら、**エロス**をもって臨まないといけないよ。

エロスと聞くと性的な欲望を思い浮かべるかもしれませんが、哲学ではプラトンのいう愛の本質を指しています。エロースとも表記されます。

プラトンは物事の本質に**イデア**（八四ページ参照）という理想の状態が存在するとしました。その理想の状態を求めようとする思いがエロスなのです。その意味で純愛を意味するということができます。ちなみに、「プラトニックラブ」というのは、プラトンの愛という意味です。

理想の状態を求めるというのは、自分に欠けているものを手に入れて、充足感を得ようとする営みです。プラトンは愛についてもそのような性質のものとして論じているのです。たとえば、『饗宴』の中では、アンドロギュノスという顔が二つ、手足が四本ずつある怪物を描いています。

このアンドロギュノスは、万能の力を使って悪さばかりするので、神によって真っ二つに引き裂かれてしまいます。別れ別れになった二つの体は、また元の一つの体に戻りたくて求め合うのですが、それはかないません。これが求め合う男女の始まりだというのです。

哲学の世界には、このほかにもキリストの無償の愛を意味する**アガペー**（九二ページ参照）や、友愛を意味する**フィリア**（一五〇ページ参照）という愛の概念があります。しかし、アガペーは相手を自分のこと以上に思うことであり、フィリアは相手を自分と同じように思うことであるのに対して、エロスは相手よりも自分のことを思っている点でこれらとは異なります。

反省

［超訳］意識や世界の状態を吟味すること

通常、反省とは、自分の言動を振り返って、悪い部分を改めることをいいます。しかし、哲学では、自分の意識や世界の状態がどのようなものなのか吟味するという意味で使われます。デカルトが心に浮かぶものを次々と疑ってかかったのも反省の一つです。

カントに始まるドイツ**観念論**（一八八ページ参照）という哲学の潮流においては、反省は人間の主観から世界を説明するという意味合いをもちます。つまり、世界の状態を自分の頭の中で吟味して、その結果を記述するという行為です。

ポリス

［超訳］古代ギリシアの共同体

《用例》
直接民主制をとるなんて無理だよ。僕たちは小規模な**ポリス**に住んでいるわけじゃないんだから。

通常、ポリスとは、警察を意味する英語であると思われています。しかし哲学では、古代ギリシアの都市国家のことをいいます。そこでは市民が民主制のもとで自己統治を行っていました。

アリストテレスは「人間は本性上ポリス的動物である」といっています。これは、人間が共同体を形成して生きざるを得ない運命にあることを意味しています。

なお、警察を意味するポリスもこの都市国家のポリスに由来しているのはたしかです。警察行政は、都市国家における行政の一部だからです。

予定調和

［超訳］最初から予定されている落ちついた状態

《用例》どれだけ激しく議論しても、結局落とし所が決まっているような**予定調和**が見え見えな会議はつまらないね。

予定調和というと、特に日本の社会では、小説・映画などストーリーのあるものや、政治・経済のように時間的経過に応じて事態の変化するものについて、人々の予想する方向に沿って事態が推移し、予想通りの結果に至ることをいいます。

これに対して、哲学用語としての予定調和は、**ライプニッツ**哲学の全体を表す概念です。彼は、宇宙は互いに影響を及ぼさない**モナド**（三〇六ページ参照）という物質からできていると考えます。そして、宇宙が統一された秩序の中にあるのは、神がモナドの間に調和が成り立つようにあらかじめ定めているからだとい

うのです。このあらかじめ定められた調和が予定調和です。

つまり、なぜ秩序が成り立つのかと考える時、何らかの偶然や科学的な運動によるとするのではなく、ライプニッツの場合、あらかじめ神がそれを定めているというのです。そのための道具がモナドなのです。大事なのは、結果は最初から予定されているという点です。

ゴットフリート・ライプニッツ（1646 − 1716）。ドイツ出身の哲学者・数学者。独自のモナドという概念によって世界を説明。著書に『モナドロジー』、『弁神論』などがある。

カテゴリー

［超訳］物事を理解するための頭の中のモノサシ

《用例》
物事を認識するためには、カントのいう**カテゴリー**で整理するとよい。

通常、カテゴリーは「範疇《はんちゅう》」と訳され、物事を分類する基準という意味で用いられます。しかし、哲学でカテゴリーというと、古代ではアリストテレスの『カテゴリー論』のことを指します。これは、あらゆる存在者が、その下に分類される上位の概念で、基体、量、性質、関係、場所、時間、位置、所持、能動、受動の十項目が挙げられます。

近代以降では、カントの「**認識論**（一九八ページ参照）的カテゴリー」が有名です。カントは、人間が対象となるものをきちんと認識できるように、量、質、関係、様相の四つの項目と、それにかかる各々三つのサブカテゴリーを掲げまし

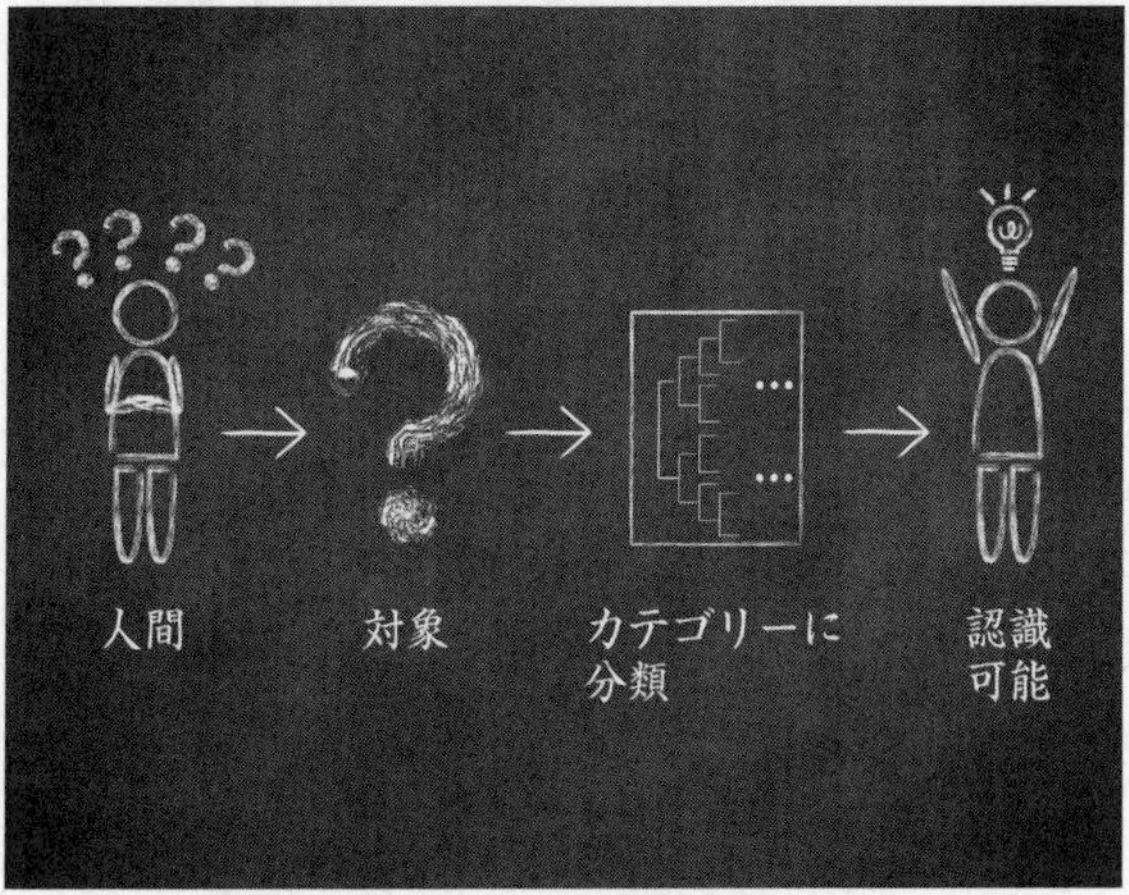

た。いわば、人間が物事を理解するための頭の中のモノサシのようなものです。

したがって、通常の意味で使われるカテゴリーよりかは狭く、あくまで認識のための頭の中の論理表である点に注意が必要です。

正義

［超訳］社会における平等のこと

《用　例》
恵まれない人に手を差し伸べるという福祉政策は、**正義**の実践といえる。

通常、正義は正しいという意味で用いられますが、この語は古代ギリシアの時代から様々な形で論じられてきました。たとえば、現代の議論にも強い影響を及ぼしているアリストテレスは、共同体における他者との関係で正義をとらえ、その本質を平等であるとしました。

この場合の平等には二つの意味があります。一つは「匡正的《きょうせい》正義」と呼ばれるもので、損害賠償のように、破壊された均衡状態を元に戻すという意味での平等です。もう一つは「配分的正義」と呼ばれるもので、財の配分における平等です。人は、その価値に応じて、応分の財を受け取るべきだというのです。

現代においてこの議論を「公正としての正義」という形で再提示したのがロールズの『正義論』です。ロールズは、**功利主義**（一七八ページ参照）に基づいて財を配分していては、社会の公正が達成できないとして、正義論を提唱したのです。たしかに、弱肉強食の社会では強い者が多く取り、弱い者は常に少なくしか受け取ることができません。これでは正義とはいえません。そこで考案されたのが、「無知のヴェール」という思考実験でした。つまり、あたかも無知になるヴェールで覆われたかのように、自分の個別の事情を遮断した状態で、財の公正な分配を考えようというのです。

ここでロールズは「正義の二原理」を提唱します。つまり、基本的な自由については、誰しも好きなように受け取れるかわりに、財については、最も恵まれない人が最大の利益を得られるように配分するというのです。

しかし、ロールズの想定している個人は抽象的であるとして、むしろ共同体の美徳に基づいて、困っている人には手を差し伸べればいいとする批判が出てきます。これは**コミュニタリアニズム**（一六二ページ参照）の立場からする正義論として、資本主義が行き詰まる昨今、再び注目を浴びています。

命題

[超訳] 真偽の判断の対象となる問題

《用例》
議論をする際にまず考えないといけないのは、**命題**として何を据えるかだ。

日常、命題という言葉は、「題をつけること」「課題。達成すべき目標」というような意味で使われます。しかし、哲学の世界における命題は、論理学の用語で、物事の判断を言語によって表したものなのです。

物事の判断ですから、この場合真または偽のいずれかの性質をもちます。数学でも命題という言葉を使いますが、この場合もやはり真偽の判断の対象となるものを指しています。このように、一般に命題とは真偽の判断の対象となる問題のことをいいます。

たとえば、アリストテレスの論理学において、「すべてのAはBである。すべてのCはAである。ゆえにすべてのCはBである」という三段論法が示されています。この場合、「すべてのAはBである」、「すべてのCはAである」、「ゆえにすべてのCはBである」という文章の各々が、真偽の対象となる命題になるわけです。

これに対して、「すべてのAがBならいいのに」というのは、単なる願望であって、真偽の対象とはなり得ません。したがって命題とは呼べないのです。

なお、論理学には命題論理と呼ばれる分野があります。これは、個々の命題を結合する「でない」「ならば」「かつ」「または」といった関係を、論理記号を用いて表すことで研究する学問のことをいいます。

直観

[超訳] 考えずに一気に全体を理解できる能力

直観とは、目の前に展開する現象を、そのまま一気に把握する能力のことです。論理によって順に把握していく論理的思考とは正反対の営みであるといえます。注意しなければならないのは、私たちが通常使っている「単に感覚によって物事をとらえる」という意味ではない点です。哲学においては、いわばこれは特殊な能力なのです。

たとえば、アリストテレスによると、直観的能力は、論理的思考や感覚とは異なる、最高の認識能力であるとされます。神の能力に近いと考えるとわかりやすいかもしれません。

この直観の意義を重視したのが、デカルトです。彼は経験によらずとも、直観によって物事を認識することができると主張します。つまりもともと人間にはそのような能力が備わっているというわけです。

これらに対してカントは、伝統的に理解されてきた知的な直観は、そもそも不可能であって、私たちはただ感性的な直観をもつにすぎないとします。感覚を通して得たものを、頭の中で整理するだけだというのです。

現代ではフッサールが**現象学**（二六四ページ参照）の中で直観の意義を説きました。彼は基本的には直観によって物事を認識できると考えています。

実在

［超訳］意識とは別に存在しているもの

通常、実在とは、実際に存在することをいいます。しかし哲学では、人間の意識の外に独立して存在するもののことを意味しています。たとえばロックは、物事が客観的にもつ空間的な広がりなどは、色や形のような主観的なものとは異なるとしています。これが実在です。またカントは、人間の認識できるものとは別に存在する「物自体」という概念を提起していますが、これも実在だといえます。

なお、実在論という場合は、**観念論**（一八八ページ参照）に対置される用語となります。観念論が世界は頭の中で作り上げたものであるととらえるのに対し、実在論は、世界は私たちが頭の中でどう考えるかということとは別に、存在しているととらえる立場を意味します。

情念

［超訳］感情的なもの

《用例》
情念を退けない限り、冷静に判断することはできないと思う。

通常、情念とは、「感情に基づく想念」や「抑えがたい愛憎の感情」といった意味です。一方、哲学では、アリストテレスをはじめ快苦を伴う魂の状態のことを情念としています。**ストア派**（一〇二ページ参照）は、心が落ち着いていない状態を魂の病気ととらえました。

近代に入ると、たとえばデカルトは、身体を動かすための意志の作用として情念を位置づけます。ただし、それは知的判断のことではなく、あくまで感覚を通じて行う、有益か無益かといった程度の判断に過ぎませんでした。

このように哲学の世界では、感情的なものを意味する情念は、知的なものを意味する理性に対して否定的なニュアンスで理解されています。

超人

［超訳］決してへこたれない人

通常、超人とは人並み外れた能力をもつ人のことをいいますが、哲学における超人は、ニーチェによる独特の概念です。彼はドイツ語で「ユーバーメンシュ」と表現していますが、これは英語でいうならスーパーマンとなります。

彼の思想を象徴する言葉の一つに「神は死んだ」というのがあります。といっても実際に神が死ぬわけではありません。キリスト教批判です。

なぜなら、キリスト教は愛の宗教と称されるように、弱い人を慰める宗教だともいえるからです。自分の弱さを肯定し、あの世で救われると手を差し伸べてくれるのです。そのために、救済の主体としての神という存在を創造しました。

こうして人は、自らの弱さを肯定し、神という存在にすべてを委ねてしまうようになります。ニーチェはその点を批判するのです。それでは奴隷と同じだと。だからキリスト教のことを「奴隷道徳」とも呼びます。

そして、早くそのことに気づいて、奴隷道徳に頼らずに強く生きていかなければならないと訴えたのです。それがニーチェの思想です。そこで「神は死んだ」と宣言したのです。人生というのは同じことの繰り返しです。これを**永遠回帰**（二〇六ページ参照）といいます。私たちはつらくともこの永遠回帰を受け入れるよりほかないのです。生の全面的な肯定が求められるわけです。したがって、強く生きていけるかどうかは、永遠回帰を理解した上で、それでもなお「よし、もう一度」と思えるかどうかにかかっています。

これは誰にとっても一番しんどいことです。同じことを繰り返すのは面白くもありません。ましてやそれがつらいこととなると、なおさらです。ニーチェは、そんなふうに永遠回帰を受け入れることができる存在を「超人」と呼びます。もはやこれまでの人類の常識を超えた存在にほかならないからです。

延長

［超訳］物の広がり

通常、延長とは長さや期間を延ばすことをいいます。しかし、哲学では、空間における物体の広がりを意味します。つまり物体が空間を占めることをいうわけです。いわば空間の中で、もともとは小さかったものが広がっている様を思い浮かべてもらえばいいと思います。

デカルトは物事を徹底的に疑った結果、最終的に残るのは自分の意識だけであると主張しました。これが「我思う、ゆえに我あり（**コギト・エルゴ・スム**／八六ページ参照）」で有名なデカルトの思想の本質です。この発想に基づくと、精神と身体はまったく別の性質のものとして分けて考えることになります。いわゆる

心身二元論（八八ページ参照）です。

そして身体にとどまらず、精神以外の物体はすべて別の性質のものとしてとらえられるのです。つまり、精神は思考を本質とするのに対して、身体や物体は単に延長を本質とするに過ぎないというわけです。しかも思考と延長はまったく相いれない別のものであるとされます。

ここからさらにデカルトは、自然界は原理上機械に等しいとする機械論的自然観を確立します。自然界についても、その本質は思考ではなく延長として把握するのです。

機械

［超訳］目的のための仕組み／人間の行いを実現する運動体

通常、機械とは、動力によって、一定の目的のために動く仕組みのことをいいます。哲学でもこの意味での機械が、機械論において論じられています。機械論とは、自然現象を機械と同じ構造をもつものとして理解しようとする立場です。機械論で有名なのはデカルトの機械論です。彼は解剖に興味をもち、人間の身体でさえも機械と同じであるととらえました。

これとは別に、現代思想においては、フランスの思想家ドゥルーズと精神分析家ガタリが機械という言葉を独特の方法で使っています。たとえば「欲望機械」、「戦争機械」といったように。つまり、この場合の機械とは、人間の行いを実現する運動体といったような意味です。人間の意志を越えて自動的に働くシステムといってもいいでしょう。

ただし、人間よりも運動体の意義のほうに重点が置かれている点が特徴です。先ほどの欲望機械を例にとるならば、欲望があらかじめあって、それを実現するための機械が登場するというのではないのです。逆に、欲望というものは、むしろ機械によってはじめて実現されるというわけです。

したがって、むしろ主導権を握る機械によって、人間はますます変貌させられるに至るのです。その際、ドゥルーズらが、人間は機械に身体を差し出すと表現しているように、機械が人間の身体を拡張するわけではありません。そうではなくて、むしろ人間の肉体は機械によって部品化して組み換えられていくのだという点に注意が必要です。

強度

［超訳］量的差異の尺度

《用例》
君と僕との違いは、どれだけ社会を変えたいかという点に関する**強度**にあると思う。

通常、強度とは強さの程度をいいますが、哲学ではドゥルーズが用いた独特の概念を意味します。質的差異を意味する「種類」とは違って、量的差異を指しているのです。

ドゥルーズ自身は、強度について「差異」、「深さ」などと表現しています。差異が明確な時、私たちはそこにインパクトを覚えます。たとえば他とは異なる濃い色を想定すればわかるように、その差異を深さと表現することも可能でしょう。

あるいは、「内包量」と表現されることもあります。ただ、量といっても、長さなどの空間的な延長に基づく外延量とは異なります。外延量は、性質を変えることなく無限に分割可能なものです。他方内包量は、温度や速度のように空間的延長をもたない量をいいます。

この場合、足したり引いたりして量を変えると、性質自体が変わってしまいます。たとえば、お湯に水を足すと、ぬるま湯という別のものになってしまうわけです。したがって、量の差異こそが差異の本質であるといえます。この差異を測るための尺度が強度なのです。

いずれにしても、ドゥルーズが主張する強度とは、量的差異の尺度であると同時に、物事の差異を肯定的に評価するための概念であるという点に注意が必要です。

思弁

［超訳］神のような知性

《用例》
君の発想は**思弁**的で、とても僕のような凡人には理解できない。

一般には、純粋に論理思考だけで物事を認識することを指します。

しかし、哲学においてこの言葉は、古代から中世にかけて、神がすべてを見通すというようなニュアンスで用いられてきました。ただし、あくまでもそれは知性の努力によって成し遂げられるとします。つまり、神のように何でも一気に理解できるのですが、決してそれは人間離れした不思議な能力ではなく、人間に備わった知性の結果だというのです。

その後近代になって、近代科学が優位になると、思弁はあまり重視されなくなっていきます。たとえばカントは、思弁というのは経験によって認識できないものだとしました。経験を用いても認識できないとすると、それはもう人間にはやすやすと理解したり、利用したりできない代物だということになります。いわば神のような知性です。

それでも、ドイツ**観念論**（一八八ページ参照）という観念を重んじる哲学者たちは、思弁の役割を追究し続けます。その極致が、思弁を用いることによって絶対者という究極の存在を認識しようとしたヘーゲルの思想です。ただ、ドイツ観念論の衰退とともに、思弁は完全に役に立たないものとして位置づけられていくことになります。

自然状態

［超訳］権威が存在しない状態

《用例》教師のいない教室はさながら**自然状態**だな。

通常、自然状態とは、ありのままの状態のことをいうと思います。

しかし哲学では、国家による秩序を欠いた、いかなる権威も存在していない状態をいいます。個人の契約によって国家を形成するという**社会契約説**（一〇八ページ参照）の論者が前提とする考え方です。

たとえばホッブズは、もし国家による秩序を欠いていたとするならば、人間はお互いに自己保存のための欲求をぶつけ合う「万人の万人に対する闘争」状態に陥ると考えます。なぜなら、人間は欲望の塊だと考えたからです。これが自然状態です。

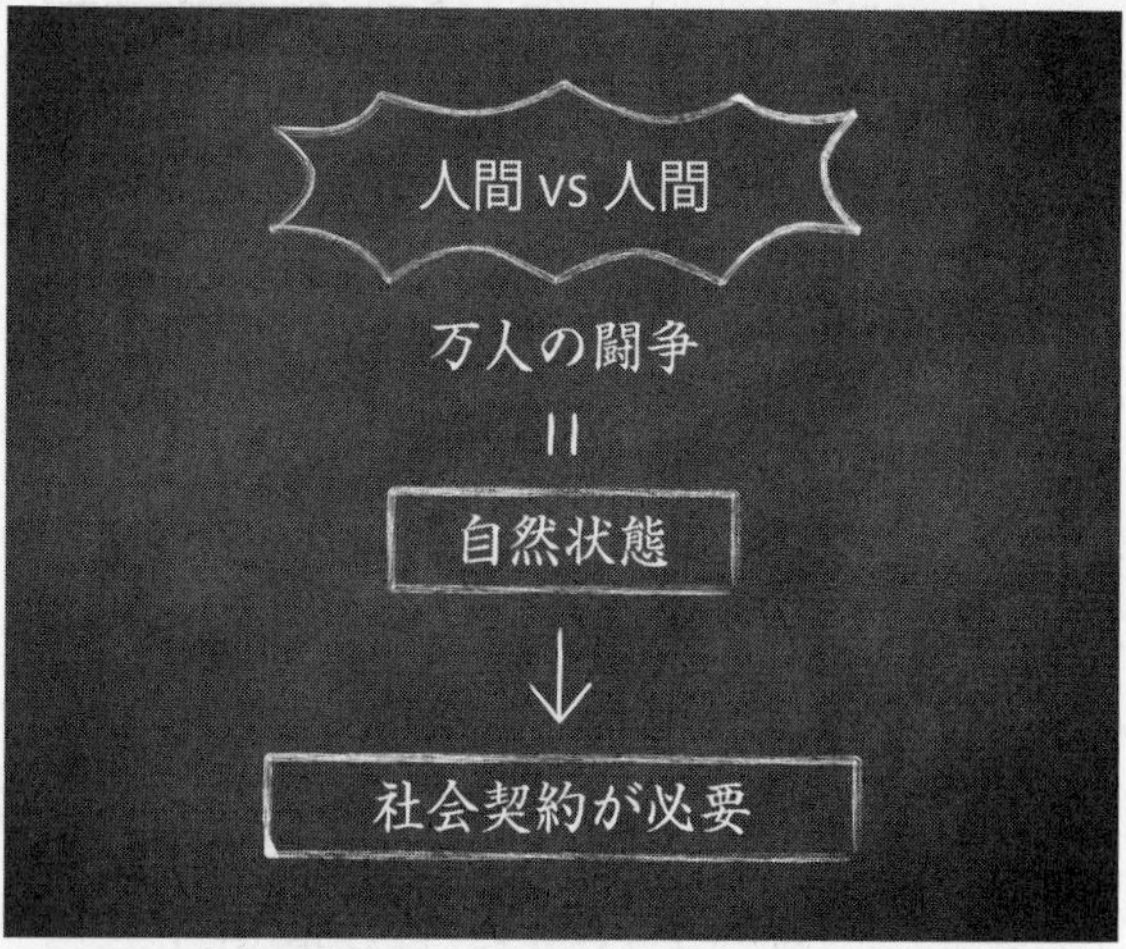

　ホッブズは、闘争し合う人間のことを狼だともいっているのですが、まさに自然状態という言葉にふさわしい表現といえます。そこで彼は、こうした闘争状態をなくし、人々を統治するための方法を考えました。それが契約によって国家の権威を作り出すという社会契約の発想だったのです。

限界状況

[超訳]乗り越えようとしなければならない壁

《用例》本気で自分を変えたいなら、**限界状況**に向き合わないといけないと思うよ。

通常限界状況とは、もうそれ以上は不可能だというぎりぎりの範囲をいいます。これに対して哲学における限界状況とは、**ヤスパース**の主要概念で、人間にはどうすることもできないけれども、しかし乗り越えようとしなければいけない壁を意味しています。人間は常に何らかの制約のもとで生きなければならない存在です。私たちは日々、そうした制約と戦いながら生きているのです。

ただ、中には絶対に越えることのできない高い壁もあります。たとえば、ヤスパースは死、苦悩、争い、罪責などを挙げます。これらを「限界状況」と呼ぶのです。問題は、その限界の前にひれ伏すしかないのかどうかという点です。

ヤスパースは前向きにとらえようとします。彼の思想は、自分で人生を切り開いていこうとする**実存主義**（一七六ページ参照）の一つなのです。

したがって、目の前の苦難を引き受け、乗り越えようとする態度こそが求められるといいます。そうして壁に向き合った時はじめて、人は壁の向こうに人間を超越した存在である超越者（神）の姿を見ることができるというのです。とりもなおさずそれは、限界を乗り越えて成長した、自分の姿にほかならないといえるのではないでしょうか。

カール・ヤスパース（1883 − 1969）。ドイツの精神科医・哲学者。限界状況という概念を用いて実存哲学を説く。著書に『精神病理学総論』、『哲学』などがある。

自由意志

［超訳］自分で運命を決定することのできる能力

《用例》
自由意志の存在を認めることによってはじめて、僕たちは自分の行為の責任を問われることになると思う。

自由意志とは、一般に行為者が思い通りに選択し、決断することのできる能力をいいます。これに対して哲学では、「決定論」に対置される概念としてとらえることができます。決定論とは、人間の行動は運命などの何らかの外的な要因によって決定づけられていると考える立場です。

したがって、反対に自由意志論者は、人間はこうした外的な要因によって決定づけられた存在ではないと主張します。いわば自由意志とは、自分で運命を決定することのできる能力であるといえます。

懐疑主義

[超訳] 断定を避ける立場

懐疑主義というと、疑い深い性質を思い浮かべる人も多いでしょう。ところが哲学における懐疑主義は、単に疑うことではなく、積極的な断定を避け、判断を留保する立場をいいます。こうした考え方は古代ギリシアの時代から存在しますが、有名なのはイギリス**経験論**（一九四ページ参照）による懐疑主義だといえます。

たとえばヒュームは、存在するもののすべてを疑い、自らの知覚による印象しか認めようとしません。その意味では、実際に目で確かめたものがすべてなのです。逆に頭の中で考えたものなど、独断にすぎないということになります。

したがってカントは、ヒュームの哲学に触れて、「独断のまどろみ」から目覚めたといっています。

有機的

［超訳］各要素がつながった

《用例》国家も単なる制度として理解するだけでなく、**有機的**にとらえる必要があると思う。

一般に有機的とは、あるものを構成する要素が、各々緊密な関係を保ちながら全体を構成している様をいいます。これに対して無機的とは、そうした関係を欠くバラバラの状態を指します。

哲学ではギリシア以来近代に至るまで、有機体をめぐる伝統的な議論がありました。自然を分割可能な物体的なものとみる「機械論」と、それ自身有機的な生命活動を営むとみる「生気論《せいき》」との対立です。生気論の祖はアリストテレスであるといわれます。

他方で、歴史や社会を有機的なものとして理解する伝統も存在します。たとえ

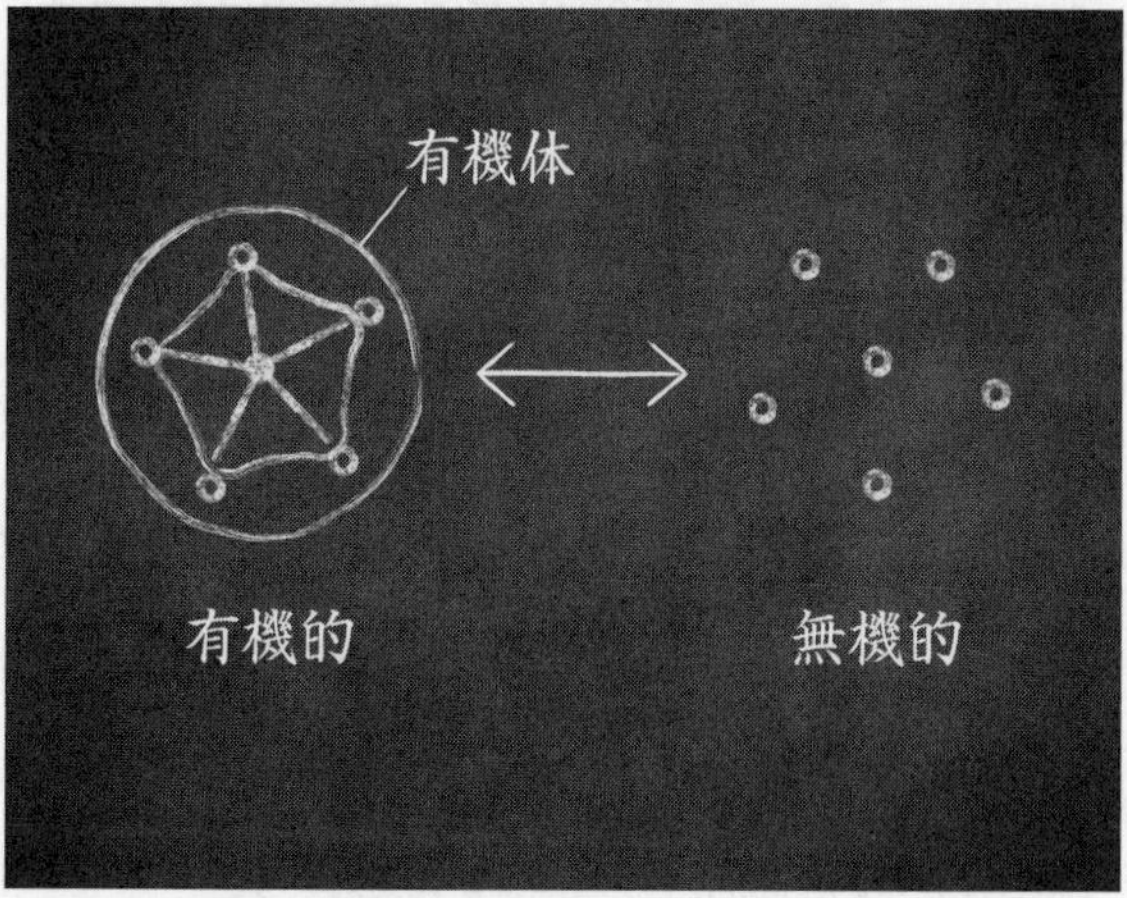

ば、国家は一つの有機体であって、君主が頭、国民が手足に当たるといった国家有機体説が近代社会において承認されてきました。ヘーゲルの国家論はその典型といえます。

また現代では、有機体論の発展形態として、社会を一つの完結した**システム**（二五八ページ参照）とみなす社会システム理論もあります。

自律／他律

［超訳］ 自らの意志によって望ましい行為をすること／何らかの強制にしたがって行為をすること

《用例》 私たちは人間なのだから、動物とは違って、**他律**ではなく、**自律**によって行動することが必要だと思う。

自律とは一般に誰からも強制されることなく、自らの規範にしたがって行為することをいいます。他律はその反対で、他からの強制によって行為することです。これを哲学用語で用いる場合には、カントのいう自律の意味になります。カントはこの語を、人間のあるべき行為について論じる道徳哲学の法則として用いているのです。

カントは誰にも強制されることなく、自らの意志で皆が同意するであろう行為をとることを要求します。これがカントのいう自律です。そしてこの自律こそが人間にとっての自由の意味であり、人間の本質だというのです。

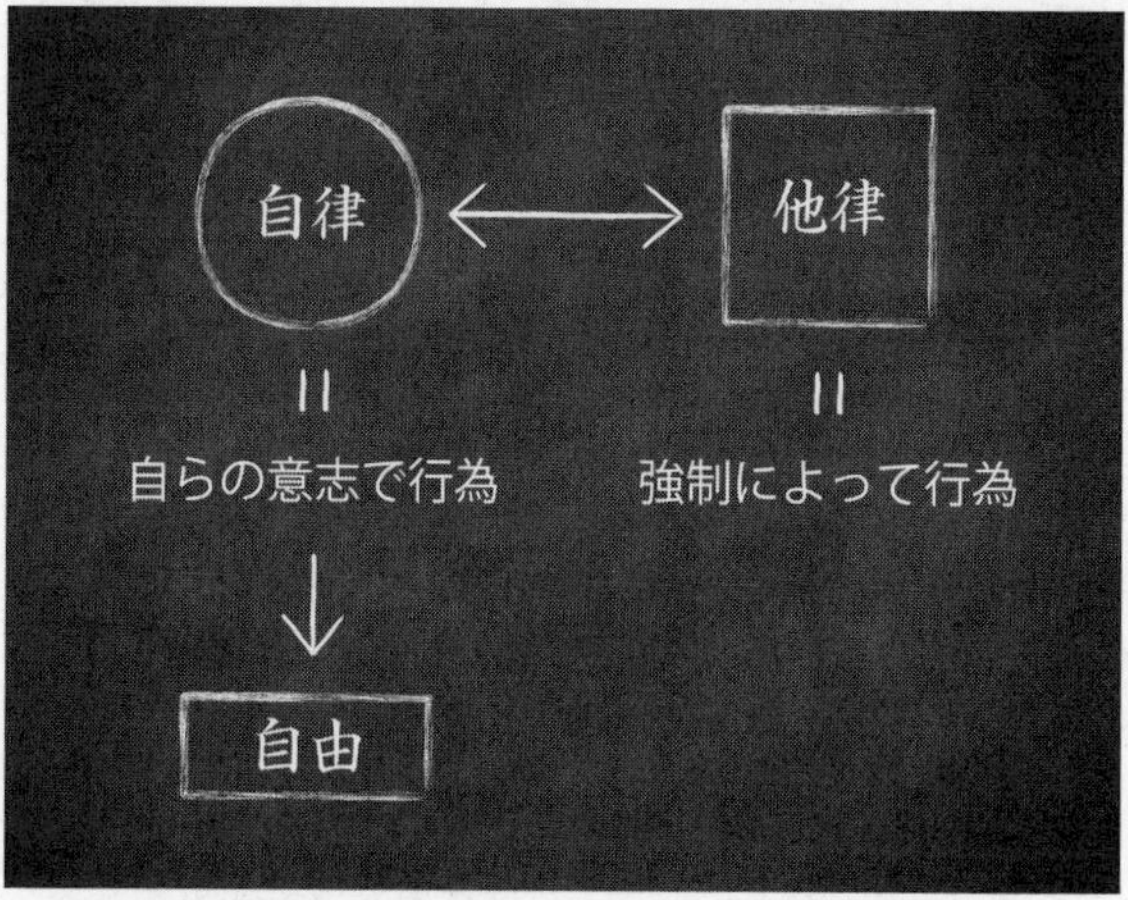

誰に強制されることもなく、自分で判断できるというのは自由にほかならないからです。意志の自由です。しかもそれは人間にしかできないことなのです。動物は誰かに強制されない限り、正しい行いをするなどということはあり得ませんから。

なお、カントによっても、他律は何らかの強制にしたがって行為するという意味になります。

普遍／特殊

［超訳］常にあてはまる性質／固有の性質

一般に普遍とは、あらゆる物に広く及ぶ共通の性質をいいます。これに対して特殊とは、他のものとは異なる性質をいいます。哲学の世界で普遍と特殊の関係というと、中世ヨーロッパに「普遍論争」がありました。普遍が先か、それとも個別の物が先かという論争です。

つまり、普遍的な何かがあらかじめ存在するのか、そうではなくてあくまでも個別の物がたくさんあって、それらの共通の性質を指す名称にすぎないのかという問題です。前者を**実在**論（二三四ページ参照）あるいは実念論、後者は唯名論《ゆいめい》と呼びます。

たとえばボール、地球、りんご、目玉。これら個別の物に共通する性質は「丸い」ということです。ここでは丸いということが普遍性であるといえるわけですが、丸いという性質が先にあるのか、それともボールや地球を並べてみてはじめて丸いという性質を見出すことができるのかという問題です。

こうした実在論と唯名論の対立は、長らく論争として続いたのですが、結局決定的な答えが出たわけではありませんでした。ただ、多くの折衷案のようなものは提案されました。その中に、「個別」という概念をもち出すことでこの問題を解決しようとする考えもありました。

結局、特殊性とは、普遍性をバラバラに切り刻んでいった結果生じたパーツだということができます。そしてそのパーツを、もはや普遍や特殊とは性質を異にする別の存在として見た時、それを個別と呼ぶことができるわけです。

システム

［超訳］関係し合う事柄が集まったもの

《用 例》社会を**システム**としてとらえると、変化していく様子がよくわかると思う。

システムというとコンピュータの装置を思い浮かべるかもしれませんが、ここでいうシステムとは、関係し合う要素の集合を指します。どういうことかといいますと、たとえば、たくさんの動物とたくさんの魚が混ざっている中で、馬、羊、猿というふうに動物という要素だけをつなぎ合わせると、動物のシステムになるわけです。反対にサンマ、サバ、サメというように魚という要素だけをつなぎ合わせると、魚のシステムになります。

システムの概念で有名なのは、社会システム理論の旗手ドイツの社会学者**ルーマン**です。彼にいわせると、システムは複雑なものを単純に整理することによって、周囲の環境から区分されている領域だということになります。

つまり、システムという視点で見ると、各々の要素が何らかのルールによって秩序づけられていて、複雑な状況が整理されているというわけです。たしかに動物と魚が混ざっていても、動物だけをつなぎ合わせれば、その部分はくっきりと区分することが可能です。

これは部分を足し合わせると全体になるという発想とはまったく異なります。あくまでもシステムそれ自体と、その外側にある環境世界との区別に着目するものです。システムに関係するか関係しないかのいずれかということです。先ほどの例でいうと、動物というシステムだと、動物かそれ以外かが問題なのです。

また、システムは閉じられた領域ではなく、開放されているといいます。したがって、システムは、環境の変化に応じて中身が変わっていくのです。

ニクラス・ルーマン（1927－1998）。ドイツの社会学者。システム理論の観点から、社会的なものすべてを統一的・普遍的に説明しようとした。著書に『社会システム理論』、『権力』などがある。

コミュニケーション的行為

［超訳］合意を目指す対話

《用例》
この話し合いで皆のわだかまりも解けたね。お互いわかり合おうとして話したのがよかったと思う。**コミュニケーション的行為**の成果だよ。

通常コミュニケーション的行為と聞くと、単なるおしゃべりを中心とした人とのかかわりを思い浮かべるかもしれません。しかしこれはドイツの哲学者**ハーバーマス**の用語で、望ましい対話行為のことなのです。彼は、相手を説得するために理性を使うのではなく、あくまでも開かれた態度で相手の話を聞き、共に何かを作り上げていこうとする態度が求められると主張します。

相手を説得しようという理性は、人を目的達成の手段にしてしまうような道具的理性だというのです。それに対して、相手を尊重し、共に合意を目指そうとする理性をコミュニケーション的理性と呼んで区別しています。

議論する際、相手の立場を尊重しなければコミュニケーションは成り立ちません。そうしたコミュニケーション的理性に基づく対話は、目的を達するために命令や欺瞞《ぎまん》などによって、力ずくで相手の意思決定に影響を及ぼそうとする戦略的な行為とは異なります。あくまでも相手に納得してもらった上で、承認を求めようとするわけです。

そのためにハーバーマスは、三つの原則が必要だといいます。つまり、①参加者が同一の自然言語を話すこと、②参加者は事実として真であると信じることだけを叙述し、擁護すること、③すべての当事者が対等な立場で参加することです。

このハーバーマスのコミュニケーション的行為が素晴らしいのは、相互了解に共通の関心を抱く市民らが、対等な立場のもとに討議を行い、その過程において自らの判断や見解を変容させていくものとしてとらえている点です。議論することによってお互いに考えが変わる可能性があるということです。この点にこそ対話をする意義があるといえます。

ユルゲン・ハーバーマス（1929－）。ドイツの哲学者。討議の重要性を訴え、現代公共哲学の礎を築いた。著書に『コミュニケーション的行為の理論』、『公共性の構造転換』などがある。

第六章

本格派向けの高度な用語

現象学

［超訳］無心で頭に浮かんだものの中にこそ真実があるとする考え方

《用例》
何が本当のことかわからなくなってしまった時には、余計な先入観をすべてなくして、**現象学**的に考えてごらん。きっと答えが見えてくるから。

現象学とは、一般にフッサールによって提唱された哲学的立場をいいます。通常人間は、世界を見たまま感じたままに素朴にとらえようとします。つまり、目で見たものをそのまま受け入れて、理解した気になっているわけです。フッサールはこのような姿勢を、「自然的態度」と呼んで批判します。

そうではなくて、心の中身を考察する上で、意識に与えられるがままの内容を記述せよというのです。それは目で見たままの内容とは異なるものです。

そのために彼は、目の前の世界に対する判断をいったん中止し、それらをカッコに入れることで、心の中の純粋な意識に浮かんでくるものだけを信じるという

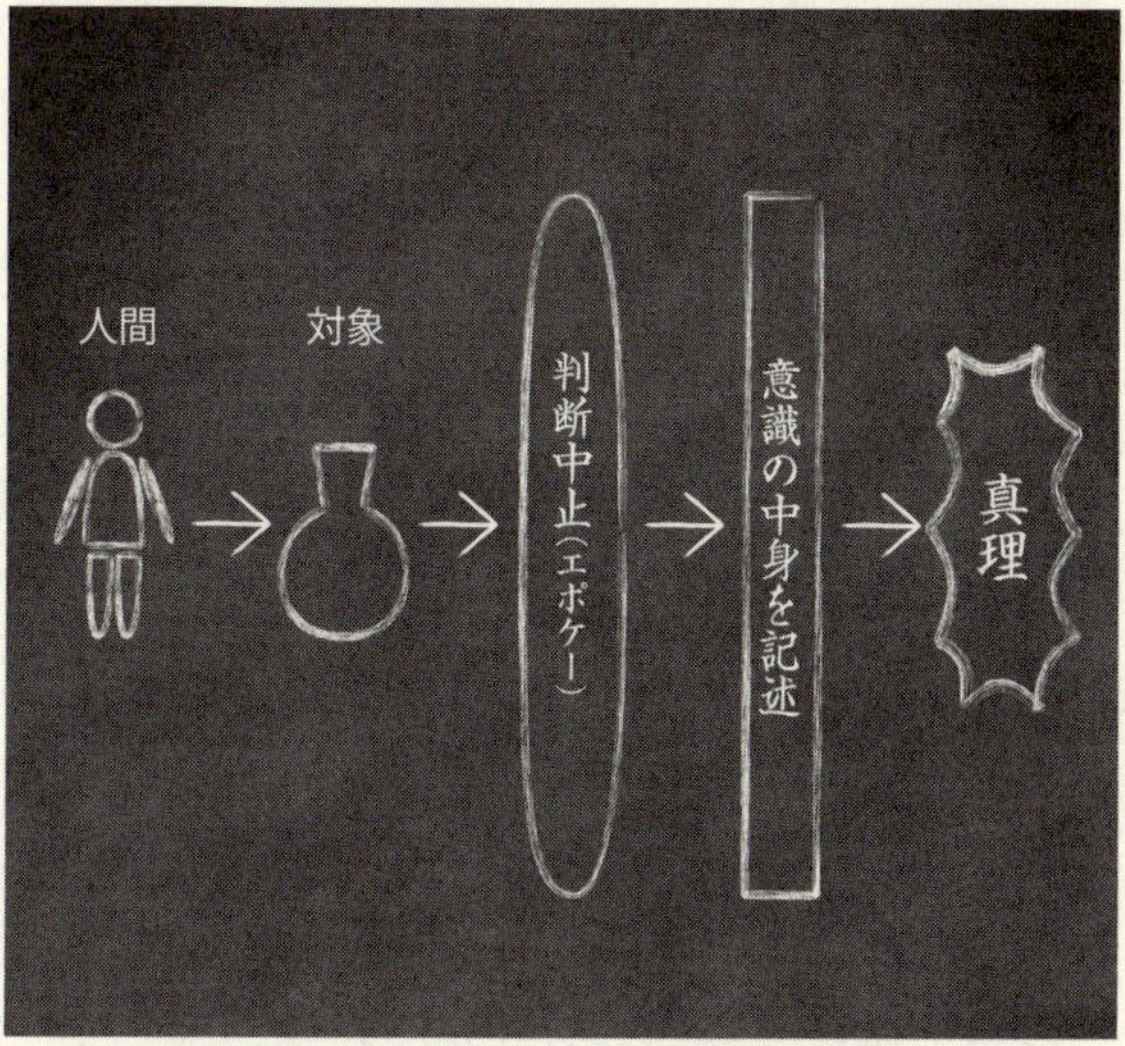

方法を提案します。これを**エポケー**（＝判断中止／二六六ページ参照）といいます。そうしてはじめて真理に向き合うことができるのです。これは「現象学的還元」と呼ばれます。

　現象学はフッサールの後、フランスの思想家たちに継承されていきます。中でも**メルロ＝ポンティ**は、『知覚の現象学』を著し、現象学を身体論に応用しました。彼はフッサールとは異なり、世界を構成する主体として、意識に代えて身体を据えたのです

モーリス・メルロ＝ポンティ（1908 － 1961）。フランスの哲学者。哲学史上初めて本格的に「身体」を主題にとらえた。著書に『行動の構造』、『知覚の現象学』などがある。

エポケー

［超訳］いったん頭の中を空っぽにすること

《用例》本当のことを見極めるためには、**エポケー**してみることが大事なんじゃないかなぁ。

もともとは中止を意味するギリシア語に由来しています。古代ギリシアの哲学者ピュロンが最初にこの語を用いたとされます。それによると、真理を探究するためには、断定を避けて、いったん判断を中止しなければならないというのです。

フッサールはこの発想を、自らが生み出した**現象学**（二六四ページ参照）において応用します。エポケーは、現象学の方法の一つなのです。つまり、現象学では、一見当たり前のように思われている事実をいったんカッコに入れようとします。いわば常識を疑うわけです。これがいったん判断を中止するということの意

味です。
そして、それでも意識の中に自然に現れてくるものだけを表現しようとします。これが「現象学的還元」と呼ばれるプロセスです。このようなプロセスを経て、自分の意識と外の世界がつながり、ようやく真理が見えてくるというわけです。

記号論

［超訳］記号をベースに世の中を説明する学問体系

《用例》
道路標識に従うだけでなく、いちいちその意味にこだわるなんて、君は**記号論**的発想をする人だったんだね。

記号論とは、言語やコード（符号）などの記号を使って、物事を理解しようとする学問のことをいいます。もともとは、言語という記号が単に人間の思考のための道具ではなく、むしろ言語のほうこそが人間の思考を支配しているという発想の転換から出てきた議論だといえます。この発想の転換を「言語論的転回」といいます。

実際、この世の中には、異なる記号があることによってはじめて区別されうるものがたくさん存在します。たとえば、フランスでは蛾はチョウと同じくパピヨンと呼ばれます。ですから、彼らにとって蛾は存在しないのです。

ロラン・バルト（1915 − 1980）。フランスの文芸批評家。記号論によって批評の世界に強い影響を与える。著書に『神話作用』、『零度のエクリチュール』などがある。

このような言語学の延長にある記号論は、言語学者のソシュールに始まります。その後記号論は、発信された記号がどのように受け止められるかという意味作用の領域へと発展していきます。

たとえば**ロラン・バルト**は、映像やファッションなど幅広い題材を記号として位置づけ、それらが社会に対して発するメッセージについて分析しました。あるいは**ジュリア・クリステヴァ**は、記号によって意味が産出される過程そのものを解明する、意味生成の記号学を提起しました。

ジュリア・クリステヴァ（1941 ―）。ブルガリア出身の哲学者。記号や意味の生成に関する理論を構築。著書に『ポリローグ』、『恐怖の権力』などがある。

分析哲学

［超訳］言葉の意味の分析を重視する哲学

《用例》君は自分の発想よりも言葉の意味にこだわるタイプだから、どちらかというと**分析哲学**に向いているね。

分析哲学とは、二十世紀英米を中心に発展した哲学の一潮流で、言語分析によって真理を探究できると考えました。たとえば**ウィトゲンシュタイン**は、哲学とは言語を分析することだと主張しました。また、ウィトゲンシュタインにも影響を受けたウィーン学団は、哲学の役割は真理の発見ではなく、言葉の意味の分析にほかならないといいます。

それ以前の哲学は、認識したものを言葉で表現するという形態をとっていました。しかし、その言葉次第で内容が変わってくることから、混乱が生じてきたというのです。それなら逆に言葉の分析を主にしたほうがいいという発想です。こ

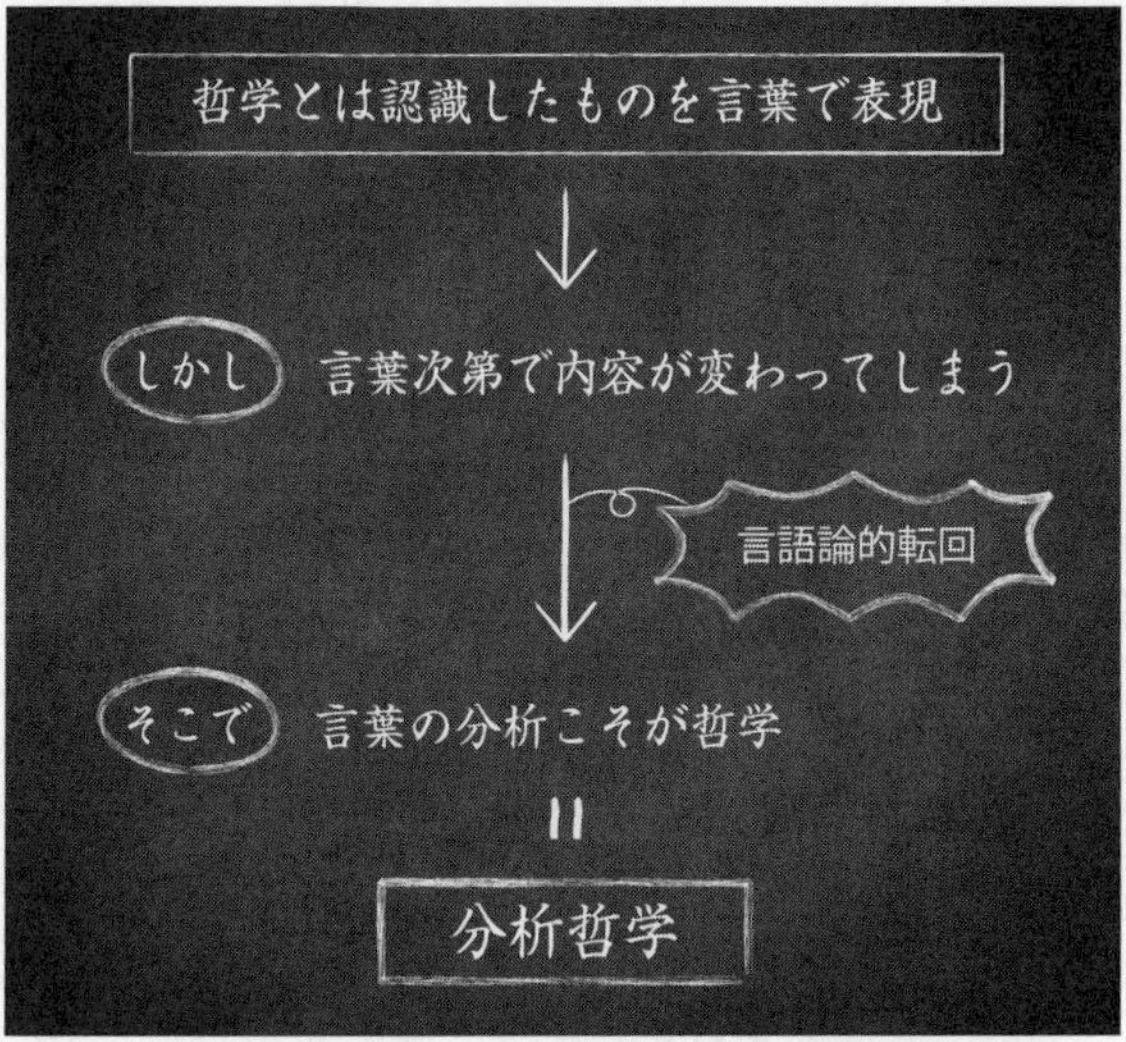
哲学とは認識したものを言葉で表現
しかし
言葉次第で内容が変わってしまう
言語論的転回
そこで
言葉の分析こそが哲学
=
分析哲学

れは「言語論的転回」と呼ばれます。

ちなみに「言語論的転回」という用語自体は、言語哲学に関する論考をまとめた、アメリカの哲学者リチャード・ローティの編纂した同名の著作によって認知されるようになりました。

ルートヴィヒ・ウィトゲンシュタイン（1889－1951）。オーストリア出身の哲学者。「言語ゲーム」概念をはじめ、言語哲学の発展に貢献。著書に『論理哲学論考』、『哲学探究』がある。

言語ゲーム

［超訳］言葉の意味は文脈次第という考え方

《用例》
今朝君のいったことは、ほかの人は何とも感じなかったようだけど、僕にとっては大きな意味をもっている。これぞまさに**言語ゲーム**だね。

言語ゲームは、オーストリア出身の哲学者ウィトゲンシュタインの後期の思想の中核をなす用語です。彼は、言語の多様な使用のされ方を「言語ゲーム」と名づけました。簡単にいうと、言葉の意味は文脈によって決まってくるということです。

日常生活において、私たちは言語を交わし、意味を解釈するゲームを行っているといいます。その場合、場所や状況によってルールが決まってきます。実は、言語活動というのは、生活の各場面によって決定されるものなのです。逆にいうと、言語に関するルールは決して一つではないということになります。

仲間内だけで通じる言語もあるでしょうし、場合によっては自分だけのルールというのも考えられます。ただ、自分だけのルールにのっとって発言したとしても、それは誰にも理解されることはないのです。ルールとは、あくまでその場を共有する人たちに共有されたものでないとルールにならないからです。それを無視して我が道を行く人はKYなどと呼ばれます。空気を読まないという意味です。

その意味で言語ゲームとは、きちんと文脈を読み、正しく意味をとらえて行う会話であるといえます。

存在論

［超訳］存在するとはどういうことかを考えること

《用例》
この世に存在しないものについて論じることができるかだって？　**存在論**的にいうと、可能だね。

存在論というのは、存在の意味を問う営みのことです。アリストテレスは存在するものの性質を問うのではなく、「存在するとはどういうことか」を問いました。ここにおいてはじめて、存在論が誕生したのです。

ところが、近代に入ると、物事の存在は認識によるとする**認識論**（一九八ページ参照）が隆盛になっていきます。そんな中、再び存在論に光を当てたのは、**ハイデガー**でした。というのも本来哲学は、「存在するもの」の意味ではなく、「存在するということ」の意味を問う学問であるにもかかわらず、そのことがないがしろにされてきたと感じていたからです。

そこで彼は、存在するとはどういう意味なのか考えました。そしてそこに、有限な時間の中で生きる人間存在の姿を見出すに至ります。つまり、人間だけが、自分の存在を意識しながら生きているのです。しかもそれがもっとも明確になるのは、自分の死を意識した時にほかなりません。その意味で、人間こそが存在の現れ出る場だといいます。

マルティン・ハイデガー（1889－1976）。ドイツの哲学者。自分は代替不可能な「死への存在」であることを自覚するべきと主張。著書に『存在と時間』、『ヒューマニズムについて』などがある。

現存在

［超訳］懸命に生きる人

ハイデガーの用語で、懸命に生きる人のことをいいます。彼は人間のことをいう時、「ただの人（ダス・マン）」と区別して「現存在（ダーザイン）」という造語を使いました。ダーザインの「ダー」というドイツ語は、もともとは「そこ」という意味ですが、ハイデガーによると存在の意味が明らかになる場所を指すといいます。

つまり、ダーザインというのは、存在していることをきちんと意識し、存在の意味について問う人間の独自のあり方を表現しているのです。存在することにこだわる生き物といってもいいでしょう。

そこで、人間には二つの生き方があると主張します。一つは「非本来性」としての生き方です。これは日常生活の中にうもれ、自分を喪失し、頽落《たいらく》して生きるということです。そのような中で生きている自分は、どこにでもいる誰かのうちの一人にすぎないのです。

もう一つは、「本来性」としての生き方です。こちらは、人間が自分の存在の可能性を意識して、懸命に生きるということです。そんな自分こそ、他の誰かとは異なる自分自身なのです。ハイデガーが理想とする生き方です。

では、どうすればそんな理想の生き方を実現することができるのでしょうか？　そこで関係してくるのが「根源的時間」という概念です。いわば死を意識して生きる時間のことです。人間は死という有限性に気づいた時はじめて、時間というものに自覚的になり、人生がかけがえのないものであることに気づきます。そうして未来を見据えて積極的に生きることができるようになるのです。

世界-内-存在

［超訳］世界とかかわりながら生きること

《用例》命を物のように考えている人は、人間が**世界-内-存在**であることを意識する必要がある。

世界-内-存在とは、ハイデガーの用語で、人間が世界の中で様々な事物とかかわり、それらに配慮しながら生きる様を表現したものです。これに対して、物は世界とかかわりをもつことはありません。

ただ、人間が事物とかかわりながら生きているというのは、単に人間が物に取り囲まれて生きているということを意味するわけではありません。

そうではなくて、日頃私たちは、世界の中に存在する様々な道具を使いながら生きているのです。寝るためのベッドや枕、食べるための食器や料理のように。人間はそれら道具にとっての究極目的なのです。

問題は、そう考える時、究極目的であるはずの人間が、交換可能、代理可能な誰でもいい存在になりうる点です。人間が道具の目的なだけであれば、必ずしも私である必要はないからです。

ハイデガーはそのような誰でもいい存在のことを「ただの人（ダス・マン）」と呼んで批判します。そしてむしろ自分の存在の可能性を意識して、懸命に生きる「**現存在**（ダーザイン）」（二七六ページ参照）となることを求めるのです。

投企

［超訳］自分の可能性に向き合うこと

《用例》
いくらじたばたしても僕たちは被投性から逃れられないんだ。だからむしろ**投企**することによって人生を切り開いていくしかないよ。

投企というのは、ハイデガーによる概念で、自らを投げ入れるという意味です。「企投」とも表現されます。彼によると、まず人間は、やがて死ぬにもかかわらず、否応なしにこの世界を生きなければならないことを自覚します。この状態のことを「被投性」と呼びます。

しかし人間は、改めて死を自覚し、もう一度自分が生きる意味を問い直すことによって、再び歩み出すというのです。それができるようになってはじめて、自分の可能性と向き合い、前に進めるわけです。いわば自らの可能性を未来に向けて投げ出すということです。これが投企の意味です。

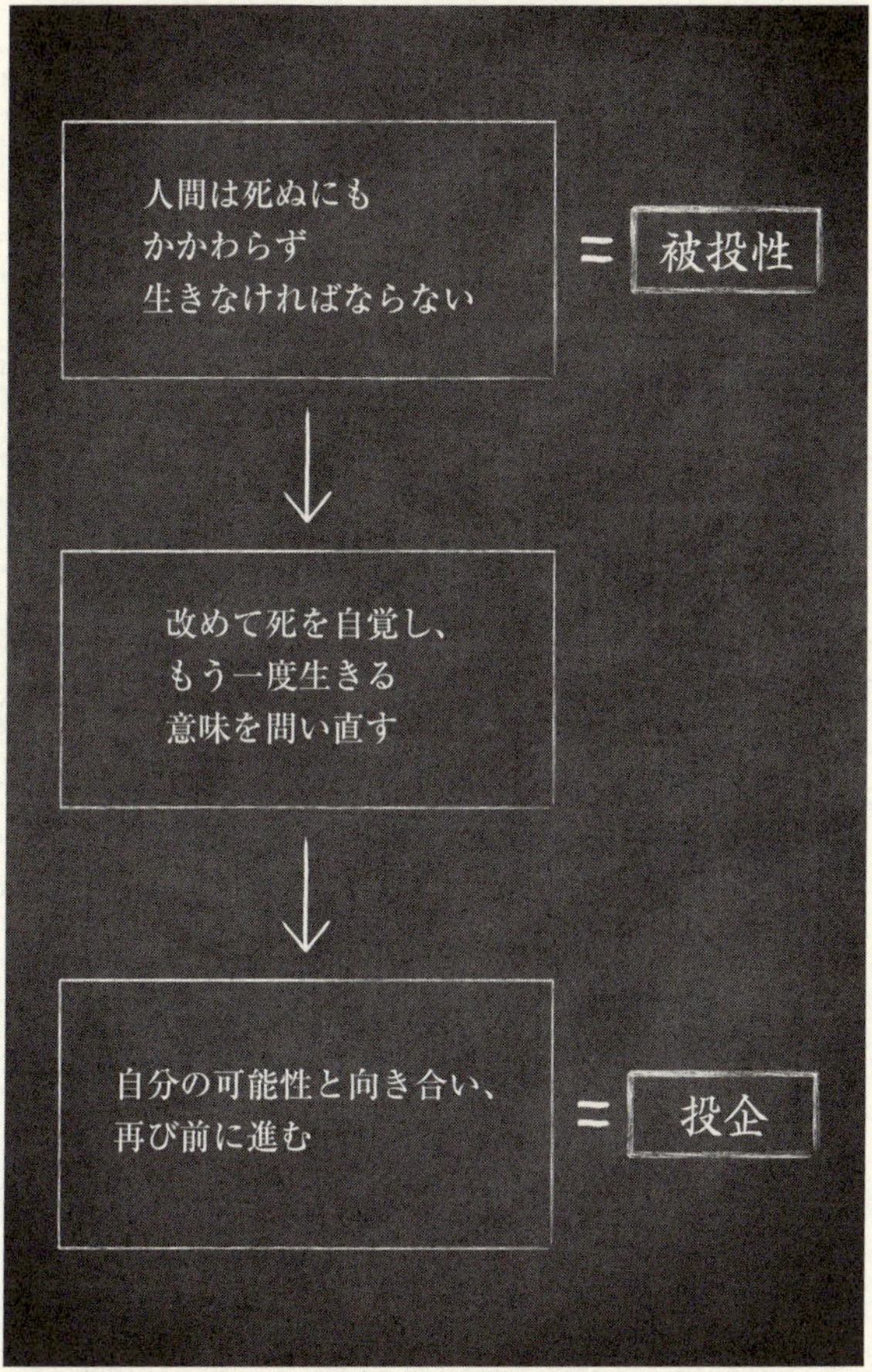
人間は死ぬにも
かかわらず
生きなければならない
＝ 被投性
改めて死を自覚し、
もう一度生きる
意味を問い直す
自分の可能性と向き合い、
再び前に進む
＝ 投企

脱構築

［超訳］一から作り直すこと

《用例》転職はリスクを伴うけれど、人生を変えるにはそれしかないんだ。**脱構築**することでいい方向に行くこともあると思うから。

デリダの用語で、一から作り直すことを意味します。近代においては、あらかじめ正しいと思われる価値が重視されてきました。デリダにいわせると、それは論理的なものやわかりやすいものを最優先する態度、文字よりも声を優先する態度、目の前に現れたものを正しい存在だとする態度、男性的なものを女性的なものの優位に置く態度、ヨーロッパを他のどの地域よりも優位とみなす態度が根底にあるからです。

しかし、これらは正しくもないうえに、暴力的でさえあります。というのも、論理的なものだけが正しいという考えが差異を排除してきたからです。また、男性的なものを優位に置く態度が女性を抑圧し、ヨーロッパ中心主義が植民地支配や戦争を生み出してきたからです。

そこでデリダは、こうした西洋近代の哲学体系に特有の態度を解体しようとします。それが「脱構築」という概念なのです。ハイデガーの「解体」という用語をヒントに考えられた「デコンストリュクシオン」という造語の訳です。構造物を解体し、構築し直すという意味になります。ここでのポイントは、単に解体するだけではなく、構築し直すという点です。

構造物の解体、構築というと、建築用語のように聞こえますが、実はこの用語は頻繁に建築に応用されています。脱構築主義建築などと呼ばれるものです。その特徴は従来の建築の常識を覆すような形態やコンセプトにあります。まるでずれたり、破壊したような建築が多く見られます。このように脱構築とは、既存の物事のあり方を解体し、一から新たな形に構築し直すことを表しているのです。

ジャック・デリダ（1930－2004）。フランスの現代思想家。脱構築概念によって西洋哲学の伝統を問い直す。著書に『エクリチュールと差異』、『グラマトロジーについて』などがある。

差延

［超訳］違いを生み出す原動力

《用例》
「自分は絶対正しい」というが、絶対などあるのだろうか。**差延**の発想からすると、自分の考えは他の誰かの考えと異なるということになるだけだと思う。

デリダの用語で、違いを生み出す原動力のようなものです。考えてみると、この世に存在するものは、すべて他のものと違うから意味をもちます。そうすると、そのような違いを生み出す運動こそが、物事の根源であるということもいえるのです。

差延には、近代までの西洋の哲学に支配的だった唯一絶対の価値を否定する意図があります。西洋哲学には、たとえば他我よりも**自我**（六二ページ参照）が正しく、偽よりも真が正しいなどとする価値観が横たわっています。

しかし、自我と他我を見てもわかるように、自我の存在を確認するには、今現在の自分ではなく、過去の自分を基準にしてはじめてそれが可能になります。過去の自分に比して今の自分はどうなのかが判断できるというわけです。ここで注意しなければならないのは、過去の自分というのは、今の自分から見れば他者であるという点です。したがって、自我は他我に負っているということになるのです。

自我が優位に見えるけれども、実は自我は他我のおかげで存在している。これは真偽、善悪などでも同じです。偽があるから真が規定でき、悪があるから善が規定できる。そのように理解すると、正しいと思われる価値ですべてを統一することはできなくなります。差延の概念によって、西洋哲学の大前提が崩れるわけです。

エクリチュール

［超訳］書かれたもの

《用例》
エクリチュールに着目するということは、君も西洋近代の哲学の伝統に批判的なんだね。

エクリチュールとは、書かれたものを意味しています。反対に話されたものを「パロール」といいます。西洋近代の哲学の伝統の中では、音声中心主義といって、書かれたものよりも話されたもののほうが重視されてきました。

そこでデリダは、この音声中心主義の中にある種の抑圧を読み取り、むしろエクリチュールに着目しようとしたのです。具体的にデリダがとった戦略は、音声と書かれたものという二項対立に至る以前の、言葉の固有の意味にさかのぼることでした。

それは「原‐エクリチュール」と呼ばれます。つまり、言葉には、それが話さ

れたものであろうと書かれたものであろうと、各々その根源には何らかの固有の意味が存在するとします。デリダはその固有の意味がもつ差異に着目し、通常私たちが同一だとみなしているものも、実はそう思い込んでいるだけにすぎないというのです。
　この点で、エクリチュールは、同一性よりも差異を重視するための概念であるということもできます。

定言命法

［超訳］無条件の義務

《用例》
私たちが時に損得を考えることなしに困っている人を助けるのは、誰しも**定言命法**を正しいと思っているからではないでしょうか。

定言命法は、カントによる道徳の原理です。カントは、「〜すべし」というように、正しい行いについては無条件の義務を求めます。これは「もし…ならば〜せよ」というように、条件によって行動が左右される「仮言命法」とは正反対の態度といえます。

定言命法は、超訳すると、「あなたの意志の基準が、常に皆の納得する法則に合うように行為しなさい」という形で公式化されています。私たちの行為の基準は、誰が採用しても不都合や矛盾の生じない、常にあてはまる原則に基づいたものでなければならないという意味です。

というのも、道徳というのは、条件次第で変わるものであってはいけないからです。たとえば、お金を積めば道徳の基準が変わるというのはおかしな話です。嘘はつかないとか、困っている人がいれば助けるといった道徳的行為は、常に求められるべきものなのです。

問題は、この原理によっても何が正しいかという中身までは確定することができないという点です。これについてカントは、「人間を決して手段にすることなく、目的として扱いなさい」という内容の公式を提示します。

つまり、人間の人格を尊重することだけは、道徳の原理として絶対に正しいとされるわけです。なぜなら、人間は動物と異なり、強制されなくても自分で自分を律することができるからです。この自律性こそが意志の自由の現れです。そのような意志の自由を備えた人間は、常に尊重すべきかけがえのない存在なのです。

格率

［超訳］自分で自分に課した従うべき行為基準

《用例》最低限自分の掲げた**格率**には従わないといけないと思う。

格率とは、一般的に行為の基準のことをいいます。マキシムともいわれます。とりわけカント哲学においては、主観的な行為の原理であるとされます。つまり、自分で自分に課した行為のための原理のことなのです。

カントの場合、道徳哲学において、自分に様々な規律を課すことを訴えます。いわば格率は、そのための形式であるということができます。格率によって行為の道徳的な判定を行うわけです。

たとえば、カントの道徳哲学において、根幹的な位置を占めるのは**定言命法**（二八八ページ参照）です。これは、自分の立てた格率が、常に誰もが正しいと認

める原則に合致するように行為せよという内容を示しています。つまり、自分で課した行為の原理が、常に誰からも認められるような内容である時はじめて、その行為は道徳的に正しいといえるということです。

悟性

［超訳］理解する能力

《用例》
単に感性で受け止めるだけでは不十分だよ。**悟性**による理解が不可欠だと思う。その上で理性によって思考を深めるべきだ。

悟性とは、人間の知的認識能力の一つです。哲学者によって解釈や用法が異なるのですが、カントの用法が有名です。

カントによると、悟性は感性と理性の中間にあるといいます。つまり、感性が受け止めた情報を理解して整理し、理性が推論できる状態にもっていくのが悟性だというわけです。その意味では対象を理解する力ということができます。

実は、カント以前は理性よりも悟性のほうがより高次の認識能力として用いられていました。しかし、カントの影響力の大きさゆえに、用語の序列が逆転してしまったのです。たとえばヘーゲルも、**弁証法**（七四ページ参照）的思考によってすべてを理解しうる理性に対し、悟性は限定的な思考にとどまると位置づけています。

絶対知

［超訳］すべてを知り尽くした究極の知

《用例》
世の中のすべてを理解するのは不可能だよ。**絶対知**でも手に入れない限りはね。

絶対知とは、ヘーゲルの用語で、対象の理解を通して成立していく知のことです。彼によると、意識は経験を通して発展していくといいます。たしかに私たちの意識は、何も知らない状態からスタートし、様々な経験を経て成長していくものです。その最終段階こそが、すべてを知るに至る状態だというのです。この状態を絶対知と呼びます。

またヘーゲルは、自己の知と絶対者である神の知が重なるところに絶対精神という概念を見出しています。この絶対精神をとらえることのできる知が絶対知です。絶対精神というのは、いわばヘーゲル哲学における真理のことであって、真理をとらえることのできる知こそが絶対知にほかならないというわけです。

トゥリー／リゾーム

［超訳］樹形図状のもの／根っ子状のもの

《用例》僕の思考はあまり体系的とはいえない。その意味で**リゾーム**型だと思う。君の頭はいつも整然と整理されているから**トゥリー**型だね。

ドゥルーズとガタリによって提唱された概念です。トゥリーとは樹木のことなのですが、ここでは樹形図のような発想を指しています。これに対してリゾームとは、もともとは地下茎の一種である根状茎を意味しています。こちらは中心を持たないネットワーク状のものを指しています。

実はこれらは人間の思考法の二つの典型なのです。トゥリーは、これまでの西洋社会を支配してきた思考法です。幹から枝が分かれていく樹形図は思考法として見ることもできます。生物を分類するあの図です。

具体的には、しっかりとした基本原則を立てて、あくまでもそれを基準として、そこからいくつかのパターンや例外を考えていくというものになります。これは従来からある思考法であり、なじみやすいと思います。分類という作業は、だいたいこのトゥリー型の思考法によっています。

リゾームのほうは、中心どころか始まりも終わりもないネットワーク型の思考法です。特徴としては、全体を構成する各部分の自由で横断的な接続であって、それによって生じる異種混交状態だということができます。

また、リゾームは新しい部分が接続されたり切断されたりするたびに、性質を変える多様態でもあります。いわば接続とともに変化していくわけです。これは新たなものが接続することによって、全体の性質が変わってしまうということを意味しています。具体的には、脳のシナプスやソーシャルメディアのつながり図をイメージしてもらえばいいと思います。

マルチチュード

［超訳］世界を支配する権力に抵抗しようとする民衆の力

《用例》
インターネットを介して結集する群衆は、**マルチチュード**の典型といえそうだね。

マルチチュードとは、**ネグリ**とハートの『〈帝国〉』で紹介された概念で、世界を支配する権力に抵抗しようとする民衆の力を指しています。〈帝国〉というのは、グローバルな世界のやりとりを調整する政治的な主体のことで、主要な国民国家に加えて、超国家的制度や大企業など、この世界を統治している主権的権力全体を意味しています。

それは脱中心的で脱領土的な支配装置であって、「ネットワーク状の権力」などとも表現されます。つまり、国家のように中央政府があったり、明確な領土がある権力とはまったく異なる新しい概念なのです。

その〈帝国〉を支えている力として、組織化されていない人の群れを意味するのがマルチチュードにほかなりません。しかも、かつてのブルジョアのような一様な存在ではなくて、多数多様性を特徴としています。

他方でマルチチュードは、〈帝国〉の力の源泉であると同時に、それに対抗し、グローバルな流れに抗するもう一つの力でもあります。

そこで、あらゆる差異を自由かつ対等に表現することのできる、発展的で開かれたネットワークだとも説明されます。つまり、世界に存在する差異を抑圧してしまうのではなく、それぞれの自由を生かし、かつ対等なものとして扱う発想なのです。そしてそれは常に拡大し続け、誰をも受け入れうる開かれたネットワークとしてとらえることができるのです。

アントニオ・ネグリ（1933 –）。イタリアのマルクス主義者。新たな権力として〈帝国〉という概念を掲げる。著書にマイケル・ハートとの共著『〈帝国〉』、『マルチチュード』などがある。

ミーメーシス

［超訳］芸術の本質としての模倣

《用例》
芸術は現実の**ミーメーシス**なのだろうか。それとも現実を超越した別の新しい存在なのだろうか。

ミーメーシスとは、「模倣」とも訳されるように、真似のことです。ただ、単なる真似ではなく、芸術の本質を表しています。プラトンは、芸術は現実を模倣したものにすぎないから、真実性という点で劣っているといいます。そうして芸術を軽視しました。

これに対してアリストテレスは、反対に芸術の価値を重視しています。というのも模倣することは、人間に備わった自然な傾向だからです。そして、たとえば「悲劇」という形態の芸術に見られるように、それは単に現実を表現するだけでなく、現実以上のものを生み出すといいます。

アルケー

［超訳］万物の根源

《用例》
色々な説があるけれど、やはり僕は世界の**アルケー**は原子だと思うな。

アルケーとは、「はじまり」という意味のギリシア語で、万物の根源のことをいいます。古代ギリシアのアナクシマンドロスが初めて用いたとされます。それをアリストテレスが哲学用語として確立しました。

彼によると、以下に紹介する様々なソクラテス以前の自然哲学者たちが、万物の根源、つまりアルケーを探究し始めたとしています。たとえば、最初の哲学者と呼ばれる**タレス**は、水こそが万物の根源だとしました。あるいはアナクシメネスは空気を、ヘラクレイトスは火を、デモクリトスは原子を根源だと主張しました。なお、アリストテレスは、この語を学問の基本原理というような意味でも用いています。

タレス（前624頃－前546頃）。ミレトス出身の哲学者。自然哲学の始祖。万物の根源は水であると唱えた。

プシュケー

［超訳］命の源

《用例》
人間はプシュケーによって生かされているし、またプシュケーにしたがって生きるべきなんだよ。

プシュケーとは、ギリシア語で「息をすること」を意味し、人間の心や魂を指す語です。ソクラテスはプシュケーこそが、人間が生きるための原理であるとして、「魂への配慮」を説きました。

ソクラテスは単に生きることには意味がなく、善く生きることが大事だと主張していました。ここでいう善く生きるというのは、身体やお金のことを気にして生きるのではなく、心が優れたものになるように努めるということです。これこそがまさに魂に配慮することにほかなりません。

あるいはアリストテレスは、これを命の本質であり、命を動かす原因としてと

らえました。彼の**エイドス**（＝形相《けいそう》／三〇二ページ参照）と**ヒュレー**（＝質料／三〇二ページ参照）という考え方を、人間にあてはめてみるとよくわかります。つまり、物事の設計図であるエイドスがこの場合魂にあたり、物事の材料であるヒュレーが身体にあたるわけです。その意味で魂は、いわば命の源であるということができます。

エイドス／ヒュレー

［超訳］物事のあるべき姿／物事の素材

《用例》
こんな石ころがダイヤモンドになるなんて不思議ですね。うん、まさに今の状態が**ヒュレー**で、ダイヤモンドになった状態が**エイドス**だね。

エイドスとヒュレーというのは、アリストテレスの用語です。各々「形相」、「質料」と訳されたりもします。エイドスは物事のあるべき姿、いわば設計図です。これに対して、ヒュレーはその素材、材料のようなものです。

アリストテレスは現実主義者ですから、理想主義者の師匠プラトンとは異なり、物事の本質や真理が理想の世界である**イデア**（八四ページ参照）界に存在するなどとはいいません。そうではなくて、物事の本質や真理はまさに目の前のここにあると主張するのです。

彼は、物事が成立するためには四つの要因があるといいます。物事が成長しようとする力としての作用因（**アルケー**／二九九ページ参照）、素材となる質料因（ヒュレー）、目標となる目的因（テロス）、あるべき姿としての形相因（エイドス）の四つです。

たとえば材木と建物の関係を見てみましょう。材木にはもともとその中に建物になるための材料としてのヒュレーがあるといいます。それが最終的に建物というあるべき設計図の姿、エイドスになるのです。また、材木の状態は**デュナミス**（三〇四ページ参照）、完成した状態としての建物は**エネルゲイア**（三〇四ページ参照）とも呼ばれます。

デュナミス／エネルゲイア

[超訳] 可能性／現実性

《用例》
子どもはもともと大人の**デュナミス**であって、大人である**エネルゲイア**もまた遠い将来から見ると**デュナミス**だということになるのさ。

デュナミスとエネルゲイアは、アリストテレスが万物の生成と運動を説明するために導入した対概念です。各々「可能態」「現実態」と訳されたりもします。

彼によると、すべての存在するものは、もともと自らのうちにある可能性を現実化していく運動の途上にあるものとみなされます。

たとえば、材木がテーブルになるのも運動ととらえることができます。材木が可能性を開花させて、テーブルに変化するのです。この場合、材木がデュナミス、テーブルがエネルゲイアということになります。

つまり、デュナミスというのは、物事が変化する前の可能性を表しています。

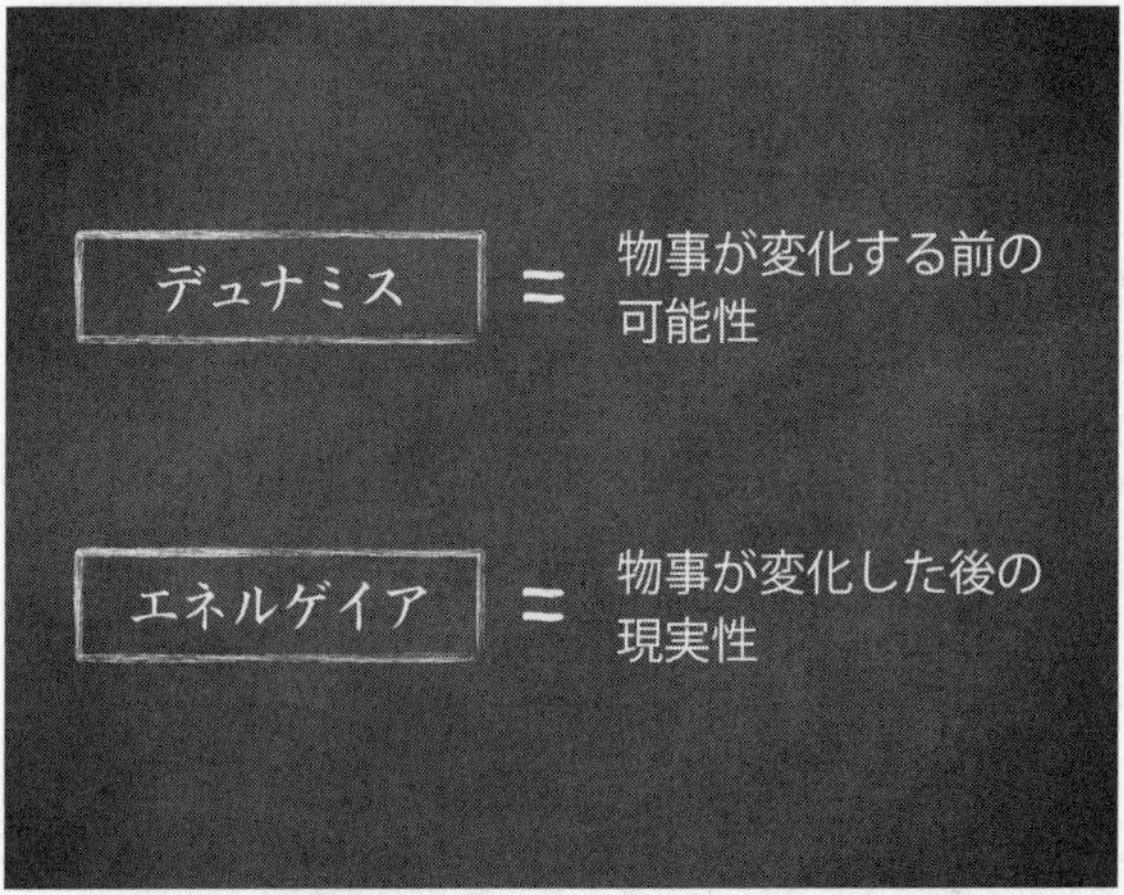

これに対して、エネルゲイアというのは、物事が変化した後の現実性を表しています。アリストテレスは、何でも目的に向かっていくという世界観を描くため、このように考えることになるのです。

なお、物事の変化の可能性を意味するデュナミスと、物事の現実化した状態を意味するエネルゲイアは、各々物事の素材としての**ヒュレー**（三〇二ページ参照）、物事のあるべき姿としての**エイドス**（三〇二ページ参照）というアリストテレスの別の概念と結びつきます。

モナド

［超訳］世界を構成する最小の単位

《用例》
君は世界が何からできていると考えるんだい？　僕は**モナド**でできていると思う。

モナドとは、ライプニッツによる用語で、世界を構成する最小の単位のことです。「単子」と訳されることもあります。ただ、原子のような物理的な要素ではなく、あくまでも思考上の単位なのです。

それゆえに、世界に起こるすべての出来事を表すのに、複数のモナドによる必要はないといいます。たった一つのモナドが世界に起こるすべての出来事を表しているのです。そこで、モナドは「一における多」と表現されます。

個々のモナドは、他のモナドからの影響を受けることもありません。一つひとつが閉ざされた世界のように独立して存在しているのです。ライプニッツが、モナドには窓がないという時、この互いに影響を受けない性質を指しています。

テオリア

［超訳］純粋に知を探究すること

《用　例》
本当に物事の本質を見極めたいのなら、**テオリア**が必要だと思う。

テオリアとは、ギリシア語で眺めることを意味しています。セオリー（理論）の語源でもあり、「観想」あるいは「観照」などと訳されます。実用的な目的を離れ、純粋に物事の本質を認識しようとする行為を指しています。アリストテレスは、これを実践（プラクシス）や制作（ポイエーシス）から区別して、人間にとって最も高貴な活動であるとしました。

なぜなら、実践や制作の場合は、知をほかの何かのための手段としてとらえるのに対して、観想の場合は知ることそのものを目的としているからです。そして、万物の運動の第一原因である神を観想する観想的生活こそが、最高の幸福であるとしました。

おわりに

サラリーマンや市役所の職員を経て哲学者になった私は、常々こうした超訳事典を作りたいと思っていました。そこで、最初の本を書いた時にそのような宣言をしていたのです。

しかし、幸い矢継ぎ早に本の執筆のお仕事をいただく中で、手のかかる事典の執筆からは腰が引けてしまっていました。それから数年が経ったある日のこと、編集者から届いた一通のメールが私の重い腰を動かすきっかけとなったのです。

それが本書の編集者であるPHP研究所文庫出版部の中村康教さんでした。中村さんは私が最初の著書『市役所の小川さん、哲学者になる　転身力』(海竜社)の中で、こんな事典をつくりたいと宣言した箇所を見て、いつか自分が担当しようと密《ひそ》かに思ってくださっていたそうです。

そこでお目にかかってお話しをする中で、ぜひやろうということになったのです。しかしその時すでに私は、数か月後にアメリカに研究に行くことが決まっていたため、残された時間はわずかでした。アメリカでは思うように時間が取れないことがわかっていたからです。早速執筆に取り掛かったものの、結局完成せず、残りはアメリカまで持ち越すことになってしまいました。

こうしてアメリカ生活における私の余暇は、ほとんど超訳事典の執筆に費やすことになったのです。もちろん進捗《しんちょく》は芳《かんば》しくなく、本来なら私がやるべき語彙《ごい》の並べ替えなどもすべて中村さんがやってくださいました。何より中身についてのアドバイスまでお願いしたため、相当勉強していただく結果になってしまいました。

ただ、そんな中でも二人とも励まし合いながら、何とかめげずにここまで来られたのは、偏《ひとえ》に明治以来の画期的な仕事に従事しているという自負があったからだと思います。まえがきにも書きましたが、明治時代に哲学用語が翻訳されて以来、人々はずっとその難解な訳を金科玉条のごとく使い続けてきたのです。そしてそれが普通の人から哲学を遠ざける原因になってきました。この超訳事典はその暗い時代を打ち破り、歴史上初めて、哲学を本当の意味で日本国民の手元に届ける営みにほかならないのです。

中村さん、本当にありがとうございました。また、硬い哲学のイメージを軟らかくするために、素敵な装丁をデザインしてくださった寄藤文平さんと、楽しいイラストを添えてくださった鈴木順幸さんにもこの場をお借りしてお礼申し上げます。そして、この本を手に取ってくださったすべての方に、感謝を申し上げたいと思います。

二〇一一年 十月吉日

小川仁志

主な参考文献

様々な哲学の古典を参照しましたが、書ききれないので、ここでは参考にした事典のみ挙げておきます。

『岩波哲学・思想事典』　廣松渉他編、岩波書店、１９９８年
『ラルース哲学事典』　D・ジュリア著、片山寿昭他訳、弘文堂、１９９８年
『事典・哲学の木』　永井均他著、講談社、２００２年
『哲学キーワード事典』　木田元編、新書館、２００４年
『高校生のための評論文キーワード１００』　中山元著、ちくま新書、２００５年
『読む哲学事典』　田島正樹著、講談社現代新書、２００６年
『思考の用語辞典―生きた哲学のために』　中山元著、ちくま学芸文庫、２００７年
The Cambridge Dictionary of Philosophy 2nd Edition, Robert Audi (Editor), Cambridge University Press, 1999
The Penguin Dictionary of Philosophy 2nd Edition, Thomas Mautner (Editor), Penguin, 2005
The Oxford Dictionary of Philosophy 2nd Edition, Simon Blackburn, Oxford University Press, 2008

ま行

や行

ら行

人名索引

（太字＝プロフィール掲載ページ）

な行

は行

ま行

や行

ら行

用語索引

（太字＝見出し語になっているページ）

あ行

か行

著者紹介
小川仁志（おがわ　ひとし）
哲学者。徳山工業高等専門学校准教授、プリンストン大学客員研究員。1970年、京都府生まれ。京都大学法学部卒業後、伊藤忠商事に入社。退職後、４年間のフリーター生活の後、名古屋市役所入庁。市役所に勤務しながら名古屋市立大学大学院にて博士号取得（人間文化）。商店街で「哲学カフェ」を主宰するなど、市民のための哲学を実践している。専門は公共哲学、政治哲学。
著書に、『市役所の小川さん、哲学者になる　転身力』（海竜社）、『人生が変わる哲学の教室』（中経出版）、『はじめての政治哲学』（講談社現代新書）、『世界一わかりやすい哲学の授業』（ＰＨＰエディターズ・グループ）、『人生をやり直すための哲学』（ＰＨＰ新書）、『哲学カフェ！』（祥伝社黄金文庫）などがある。

本書は、書き下ろし作品です。

ＰＨＰ文庫

すっきりわかる！
超訳「哲学用語」事典

2011年11月21日　第１版第１刷
2012年７月17日　第１版第13刷

著　者　小川仁志
発行者　小林成彦
発行所　株式会社ＰＨＰ研究所
東京本部　〒102-8331　千代田区一番町21
文庫出版部　☎03-3239-6259（編集）
普及一部　☎03-3239-6233（販売）
京都本部　〒601-8411　京都市南区西九条北ノ内町11
PHP INTERFACE　http://www.php.co.jp/
組　版　朝日メディアインターナショナル株式会社
印刷所
製本所　共同印刷株式会社

ISBN978-4-569-67673-9